JN409898

못다 그린 그림

김상립(저자) 한지 수묵담채 36×26cm

못다 그린 그림

책머리에

사람이란 은혜의 강물 위로 떠가는 하나의 가랑잎과 흡사하다는 생각을 하며 살아갑니다. 내가 나 아닌 것들로 인해 존재해 있고, 내 삶 또한 다른 이들의 수고로 큰 탈 없이 이어져 오고 있다는 사실을 거듭 느낍니다. 인생을 아는 만큼 그 강물의 깊이도 달라질 수 있다는 이치를 좀 더 일찍 깨달아야 했습니다. 내가 가랑잎이면서 동시에 다른 잎들을 실어 나르는 한 줄기 강물이 되어야 하는 공존의 의미를 가슴 아닌 머리로만 이해하려 한 것이 잘못이었습니다.

그동안 살면서 만난 여러 사람들, 모두가 나에게 가르침을 주었던 사실을 뒤늦게 깨닫고 기꺼이 받아들입니다. 그러고 보면 내 삶의 한 순간이라도 배움의 길 아닌 것이 없었으니 참으로 고마운 일이 아닐 수 없습니다. 이런 인연을 생각하면 사람이 아무렇게나 살 수 없는 이유가 분명한데도 나는 아직 미망에서 헤어나지 못하고 있습니다.

아마 집착과 욕심의 무게가 만만치 않은 까닭이겠지요. 나의 글쓰기 작업은 이런 나를 조금이라도 가볍게 해 보려는 나름대로의 몸부림이라 할 수 있을 것입니다.

되돌아보면 내 삶은 못다 그린 그림 투성이라 할 수 있습니다. 그리고 싶은 욕심에 이것저것 잔뜩 시작은 해 놓았지만 어느 것 하나 제대로 끝낸 것이 없습니다. 어쩌면 내 문학 또한 완성하지 못할 줄 뻔히 알면서도 계속 그리려 애쓰고 있는 그런 그림인지도 모르겠습니다. 내가 언제까지 글을 쓰게 될는지 기약할 수 없지만, 그래도 수필가로 지냈던 날들이 내 삶에 있어서는 '참으로 잘한 일이었구나.' 하는 회상 속에서 붓을 놓을 수 있게 되기를 바라는 마음 간절합니다.

2006년 가을의 문턱에서

남평 김상립

차례

책머리에 · 4

1
돌고 도는 길 위에서

못다 그린 그림 _ 13
낙엽, 탱고를 추다 _ 18
겨울 막바지에서 _ 22
텅 빈 하늘에 _ 26
눈 내린 날 기차를 타고 _ 30
상자 속의 다람쥐 _ 34
마당에 서서 _ 38
그림 그리는 수성못 _ 42
정지된 시간을 바라보며 _ 46
섬을 모른다 _ 50
돌고 도는 길 위에서 _ 54

2
아름다운 사람들

빈 가지에 봄이 오듯이 __ 61
조용히 눈을 감고 __ 65
감나무의 향연 __ 69
고백 __ 72
사람의 향기 __ 77
주인 노릇 __ 81
들리는 소리만으로 __ 86
모르는 여자 __ 90
참 잘한 일 __ 95
속물 __ 100
아름다운 사람들 __ 105

차례

3
세상 속으로

낙화 유정 __ 113

타임머신을 타고 __ 117

한풀이 마당 __ 122

나의 주례 __ 125

'억'판 __ 129

정글의 법칙 __ 134

새로운 얼굴로 __ 138

연민의 정 __ 142

술자리 __ 145

눈치가 없다 __ 150

철모르고 피는 꽃이 __ 153

세상 속으로 __ 157

4

기억속의 섬

추억은 전설처럼 남고 __ 163

회상의 빗소리 __ 168

어머니의 기도 __ 172

다시 바다를 보니 __ 176

무릎 꿇은 나무 __ 180

무거웠던 작은 봉투 __ 184

인연의 끈 __ 188

끝에 찾아올 기억들 __ 192

인정 __ 196

유성우를 기다리며 __ 200

기억속의 섬 __ 205

1

돌고 도는 길 위에서

내가 남들과 분리되어
살아 있음은 잠깐이요,
나 아닌 것들과 구분 없게 되어
길고 긴 세월을 함께 할 것이라 생각하니
새삼 숙연해진다.
그러고 보면 우리가
평소에 느끼지 못할 뿐,
만물은 보이지 않는 연결 고리로
한데 묶어져 있어
더러는 서로 몸을 바꾸어
살기도 할 것이라는 생각이 든다.
언제, 어떻게, 무엇으로 바뀔는지 모르는,
실로 찰나에 불과한
이승에서의 만남을 두고
마치 목숨이 걸린 싸움을 해대듯
날마다 진검을 휘두르는
우리네 사는 방식이
탄생의 본질과는 많이 어긋나 있는 것 같다.
—「돌고 도는 길 위에서」 가운데서

못다 그린 그림

나에게는 못다 그린 그림이 있다. 벌써 50년이 넘도록 그리고는 있지만 아직도 완성하지 못한 그것, 고향의 바다를 제대로 그리려는 나만의 그림이다. 초등학교 때는 잘 칠해지지도 않는 크레용으로 힘들게 파란 바다를 그렸었다. 그러나 한동안 열심히 그림을 그리다 보면 어느새 바다는 초록빛을 띠었고, 허겁지겁 초록으로 다시 칠했을 때 이미 그것은 은백색으로 눈부시게 빛나고 있었다. 이렇게 고향 바다는 시작부터 나를 혼란스럽게 만들었다. 자라면서 크레용이 크레파스가 되고, 그것이 또 물감으로 바뀌기는 했으나 한 번도 마음에 쏙 들게 그려내지를 못했다.

바다는 보면 볼수록 어떤 것이 제 본래의 색깔인지 알 수가 없다. 조금 전까지만 해도 뿌연 회백색으로 물들었던 것이 금세 은색으로 빛나기도 하고, 다시 보면 검푸른 빛을 한 아름 안고 있다. 언뜻 눈에 비치는 게 초록색 같아 신기하여 눈여겨보노라면 해초 위로는 보라색이 역력하다. 바위와 바위 사이에는 하얀 거품들이 제 세상을 만난 듯 춤을 추고, 햇빛을 받은 파도 끝에는 찬란한 무지개가 여럿, 각기 작은 날개들을 활짝 펴고 있으니 어찌 손쉽게 알아 볼 수 있을까.

삼십도 정도로 빗겨진 오후의 햇살이 항구를 비칠 때 바다는 더욱 신비로워진다. 해를 똑바로 머리 위에 인 부분은 동그랗게 진홍색으로 살아나 있지만, 그 주위의 넓은 바다는 마치 알루미늄 조각들이 무수하게 뿌려진 것처럼 희게 반짝인다. 드디어 해가 산마루에 턱을 괴이면 이 모든 광경은 사라지고, 바다는 그냥 하나의 커다란 불꽃이 되어 하루의 여한을 아낌없이 태워버리고 어둠 속으로 간다.

이렇게 바다는 만나는 시간이나 그 사람의 눈에 따라 전혀 달라 보이기 일쑤이다. 또 놀라운 것은 그때그때의 변화하는 환경에 맞추어 제 스스로가 조화롭게 변신하기도 한다. 계절이 바뀌면 계절에 맞는 얼굴을 하고, 태양의 위치에 따라 알맞게 화장도 한다. 구름이 끼면 구름을 닮고, 안개가 내리면 안개바다가 된다. 뉘라서 이런 바다의 참 모습을 제대로 그려낸단 말인가. 설령 뛰어난 화가가 바다를 온전하게 그렸다 한들, 그것 또한 그리는 순간 그의 눈에 비쳤던 잠깐의 모습에 지나지 않았을 것을.

나는 나이가 들게 되면 고향 바다를 보다 완전하게 그릴 수 있으리라는 기대를 가지고 길을 떠났지만, 어느새 고향에서 산 날보다 더 길어진 객지 생활이 되고 말았다. 하지만 아직도 고향으로 돌아갈 채비조차 하지 못하고 있고, 그림 그리는 일에도 더욱 어려움을 겪고 있다. 답답한 마음에 행여나 하고 발걸음을 해 보아도 역시 풀리지 않는 퍼즐 게임처럼 머리만 어지럽다.

다시 가 본 고향 바다에는 지나간 어린 시절만이 아니라 내가 살아왔던 모든 날들이 추억으로 쌓여 점점 부피를 키워가며 나를 기다리고 있었기 때문이다. 사람이 산다는 게 그렇지 않은가. 좋은 날도 있지만 차마 떠올리고 싶지 않은 날들도 있는 법인데, 그곳은 내가 잊어버리려 노력했고 또 잊었다고 믿었던 일까지도 생생하게 살려놓고 있었다.

바다를 생활터전으로 삼고 살았던 당시 사람들의 가난은 육지의 그것보다 훨씬 더했다. 바다가 계속 노하고 있으면 아무것도 건질 게 없었던 것이다. 돈이라곤 구경할 수 없는 어른들은 부둣가 목로주점에 삼삼오오 둘러앉아 운명인 양 깡소주를 마셔댔고, 아이들은 두려움에 싸여 제 키보다 몇 배나 높이 솟구치는 파도를 멍하니 바라볼 뿐이었다.

더러는 태풍이나 해일이 몰아닥쳐 지아비를 뺏어가고 아버지를 잃게 했다. 하늘이 갈라지고 바다가 일어섰던 날이 지나고 깨어질 것 같은 파란 하늘이 마을 가까이로 내려오면, 여기저기서 들려오는 통곡소리가 사람 마음을 찢고 동네를 눈물로 적셨다. 더욱이 남편의 주검 앞에서 무너질 듯 흔들리던 젊은 여인들의 좁은 어깨가 아직도 그늘진 부둣가에 환영처럼 남아 있다니.

갖가지 생활환경이 척박하기 이를 데 없었고 봉건적 관습마저 사회를 지배하고 있었던 시절, 불꽃같은 나의 사랑도 어쩔 수 없이 안으로만 삭아들어 벽에 걸어 둔 꽃다발 속의 꽃봉오리처럼 영영 피어보지도 못했던 사춘기의 아픈 사랑이 마르지 않는 나무 등걸처럼 촉촉이 젖어 있을 줄이야. 그런 와중에서도 이름난 대학만 나오면 무엇인가 속 시원하게 한풀이를 할 것 같은 생각에, 큰 도시로 나가 공부할 것이라는 바람을 포기할 수 없는 목표로 삼고 살았었다. 하지만 지금 와서 돌아보면 오히려 고향을 떠나지 않고 고향을 지켜온 친구들이 더 크고 더 행복해 보이는 이유가 수수께끼로 되어 해안선을 따라 흩어져 있다.

참으로 내키지 않는 마음이었지만 간곡한 당신의 유언을 따르지 않을 수 없어, 고향 항구가 제일 잘 내려다보이는 햇볕 잘 드는 언덕에 어머니의 유골을 뿌렸다. 내 그곳에 서서 어머니를 느끼며 고향을 볼 때마다 눈앞은 금세 흐려지고 만다. 한평생 바다를 끼고 그것과 함께 살아오신 어머니가 죽어서까지 날마다 바다를 바라보시는 이유를 이제야 어렴풋이 알아챈 까닭으로 고향을 가까이 지나치면서도 일부러 그 바다를 외면해 버려야 하는 아픈 상처도 있으니.

이렇게 고향 바다는 내가 살아온 날의 빛과 그림자는 물론 내 영혼이 흘린 눈물까지도 고스란히 간직하고 있었으니 어찌 수월하게 그릴 대상이 될 수 있었을까? 그림을 완성하는 날, 고향으로 돌아가게 되리라고 잔뜩 기대했던 것이 결국은 허망한 일이라는 것을 한참 나이 든 후에야 알았지만 그게 무슨 소용이랴. 어차피 내 목숨 다하는 날까지 그리지도 못한 채, 그리고 싶은 바다로만 남아 있을 텐데. 그래도 계속해서 그려야 한다는 충동을 버리지 못하고 여기까지 오게 된 것은 아마도 삶에 대한 간절한 그리움이나 완성에 대한 목마름이 나를 놓치지 않고 있었기 때문이리라.

삶이란 보다 잘살아 보려고 노력해 가는 과정을 그려나가는 그런 그림일 것이라고 생각하면 안 될까. 완성하지 못할 그림인 줄 뻔히 알면서도 완성하려고 무던히 애쓰는 그림, 삶이 끝나는 날까지는 도저히 멈출 수도 없고 멈추어서도 아니 되는 그런 그림이라고 말이다. 그러고 보니 내게는 못다 그린 그림이 고향 바다만이 아닌 것 같다. 나의 사랑과 문학, 나의 실현되지 못한 작은 꿈들도 모두가 못다 그린 그림인 것을.

낙엽, 탱고를 추다

오늘따라 바람이 세차게 분다. 공항으로 가기 위해 2군사령부가 있는 넓은 길로 들어서자 저만치에서 낙엽 한 무리가 커다랗게 원을 그리며 맴을 돌고 있었다. 둘러보니 그들만이 아니었다. 낙엽은 여기저기에서 삼삼오오 짝을 지어 바람에 날리고 있다. 어떤 잎사귀들은 잽싸게 몸을 회전시키며 하늘로 솟았다가 사뿐히 떨어져 내리는가 하면, 어떤 것은 빠른 속도로 이쪽 끝에서 저쪽 끝으로 옮겨간다. 두 잎이 서로 껴안기라도 하듯 바싹 붙었다가 금세 떨어지기도, 가벼운 스텝으로 한참을 앞서 달려나가기도 한다.

그렇게 낙엽은 저마다 울긋불긋한 무도복 차림으로 차려 입고 바람을 반주삼아 춤을 추고 있었다. 낙엽의 춤은 동작도 크고 재빠르며 타오르는 듯한 열정이 있어 보였다. 그것은 불꽃같은 춤이었다. 죽음을 앞둔 노신사가 무도회에서 낯선 여인을 만나 혼신의 힘을 쏟아 멋지게 추어내던 탱고 같은 춤이었다. 그렇게 낙엽은 탱고를 추고 있었다.

생과 사라는 한살이가 너무도 짧아 저리도 탄식하듯 춤을 추는 것인가. 아니면 봄에 돋아나는 새 생명을 미리부터 찬미하려 드는 것일까? 아닐 것이다. 낙엽은 잎으로 다시 돌아가고 싶은 간절한 소망이 여지없이 깨어져 버린 아픔을 격렬한 몸짓으로 통곡처럼 쏟아 놓으려 하는 것일 게다. 도시의 가로수들은 모두 아스팔트와 보도블록으로 둘러싸여 있어서, 잎은 낙엽이 되어도 돌아갈 곳이 없었기 때문이리라.

자연 속에서의 낙엽은 제 스스로 떨어져 나무뿌리를 덮고, 제 몸을 썩혀서 양식으로 주고는 그의 혼만 외롭게 살아남아, 하루속히 새잎이 돋아나기를 손꼽아 기다린다. 그리하여 새잎이 피게 되면 혼은 잎의 정신이 되고, 잎은 있는 힘을 다하여 무성하게 피어나다가 때가 되면 미련 없이 떨어지고, 또 다시 피어나고. 하여 낙엽의 영원한 고향은 흙일 수밖에 없다. 흙을 잃은 낙엽은 고향을 잃어 갈 곳이 없는 신세와 마찬가지인 것이다.

나무가 사람보다 예민한 구석이 더 많다고 하지 않던가? 그런데도 자동차라는 것이, 도시화라는 것이 그렇게 윤회해야 하는 낙엽의 숙명을 아무런 망설임도 없이 끊고 말았다. 사람 중심의 판단이, 사람 중심의 편의성이 낙엽을 오늘처럼 슬프게 만들어 버린 것이다. 낙엽이 제 혼자 어떻게 한단 말인가. 미친 듯이 아스팔트 위에서 춤이라도 추지 않고서는 못 배길 그 심정을 누가 헤아리기나 할까. 그래도 복수의 칼을 갈기는커녕 그런 절망을 승화시켜 인간의 눈에 아름답게 보이도록 곱게 차려 입고 춤으로 울고 있는 저 낙엽이 참으로 대견하지 않은가.

낙엽 하나가 차 앞유리에 올라앉았다. 어쩌면 무리에서 일부러 도망쳐 나왔는지도 모르겠다. 상당한 거리를 달려가도록 낙엽은 꿈쩍도 않고 찰싹 달라붙어 있었다. 맨땅이 있는 곳까지 가야 한다는 무서운 집념으로 버티고 있는 것 같았다. 몸을 바르르 떨어가면서도 등줄기를 유리창에서 떼지 않으려 안간힘을 쓰는 것을 보면서 나 또한 조심스럽게 차의 속도를 조절해 주었다.

문득 차창에 붙은 낙엽 위로 지하철역에서 보았던 노숙자의 모습이 겹쳐졌다. 서울역 구내에서 신문지를 덮고 잠을 청하는 노숙자들이 자꾸 눈에 어린다. 갈 곳 없는 노숙자들, 아니 갈 곳이 있어도 가지 못하는 노숙자들이 얼마간의 알코올에도 힘없이 무너져 내리는 모습을 나는 여러 번 목격했다. 거리의 벤치나 전철 속의 경로석, 역 광장을 가리지 않고 누우면 잠들고 마는 그들은 몸에 쏟아 붓는 몇 잔의 소주에도 쉽게 무릎을 꿇고 있었다. 억지로 세상을 잊어가고 있었다.

절망이 가져다 준 체념일 것이라고 나는 생각하지 않는다. 찾아가야 할 가족이 있으면서도 가지 못하는 안타까운 제 처지를 잊고 싶었을 것이다. 오늘 아침 내 차창에 내린 낙엽과 그들은 무엇이 서로 다르랴. 설령 직장과 가족이 번듯하게 있는 경우라 할지라도 진실로 마음 편안하게 돌아갈 곳이 있다고 당당하게 말할 수 있는 사람이 이 시대에 과연 몇이나 될까?

붉은 신호등이 길을 막았다. 차가 서자 잎은 힘없이 주저앉고 말았다. 신호가 다시 바뀌었다. 차가 속력을 내면 힘차게 일어서서 함께 갈 수 있을 것이라고 은근히 기대했지만 흔적이 없다. 행여 싶어 마른 와이퍼를 두어 차례 작동시켜 보았지만 그것도 허사였다. 정말 땅으로 되돌려 주고 싶었는데 그렇게 하지를 못하고 말았다. 이제 곧 출근시간이 되면 넘치는 차량에 낙엽은 갈가리 찢겨 흔적도 없이 사라지든지, 음식물 찌꺼기와 함께 비닐봉지에 쌓여 오랫동안 구토하며 고통받게 될 것이다.

비행기가 이륙속도를 얻자 온몸을 부르르 떨더니 고개를 치켜들고 땅을 박찬다. 순간 내 몸은 의자 등받이에 바싹 달라붙고 만다. 문명의 총아인 비행기야 갈 목적지가 전광판으로 뚜렷이 광고되고 있지만, 낙엽처럼 매달려 있는 나는 갈 곳이 없다. 문득 지금 이 시간에도 아스팔트 위에서 갈 곳을 잃고 몸이 부서지도록 마지막 탱고를 추고 있을 낙엽이 내 삶의 또 다른 모습인 것 같아서 가슴이 답답해져 온다.

사람들은 너무 오랫동안 하늘을 잊고 땅을 잊고 영혼을 잊고 살아왔던 것 같다. 과학의 발전이 편리와 기능성만을 지나치게 추구하다 보니 인간 본연의 문제는 더욱 미궁으로 빠지고 말았다. 경제를 앞세운 물질문명의 극치라는 것이 결국 인간 스스로가 궁극적으로 귀의해야 할 곳을 시멘트로 꽁꽁 틀어 막아놓은 꼴로 만들어 버렸으니. 정녕 나는 어디로 가야 한단 말인가? 인터넷의 바다에서 신이 나서 헤엄치는 오늘의 젊은이들이 돌아가야 할 진정한 종착역은 '그 이름이 무엇일까' 궁금하기만 하다.

겨울 막바지에서

‘겨울 속에 또 겨울이 있는가?’라고 물을 만큼 추운 날씨다. 열흘 넘게 계속되고 있는 이런 강추위는 수십 년 만에 처음이라고 야단들이다. 하지만 올 겨울의 시작은 몹시 포근했다. 기상청에서도 ‘따뜻한 겨울’을 예보했었고, 모두가 큰 추위 없이 그냥 지나게 될 것으로 믿었다. 그런데 막바지에 와서 이런 혹독한 추위를 만난 것이다.

자연의 변화를 예측한다는 것이 어디 쉬운 일인가. 아무리 따뜻하다 해도 겨울은 겨울이요, 선선한 여름날이 계속되다가도 어느 날인가 여름 값을 톡톡히 치르게 하고야 마는 게 계절의 엄격함이다. 사람들이야 뭐라고 하든 예정된 섭리에 따라 착오 없이 운행되고 있는 자연 현상을 바라보며 인생을 다시 생각해 본다.

사람의 생명줄이 하늘에 달렸다면 사는 일도 자연의 섭리와 무엇이 다르리. 조물주의 입장에서 본다면 생명을 가진 모든 것들이 똑같이 소중할 것이다. 더구나 사람이 새로 태어나면 그 누구든 가릴 것

없이 그가 한 생애를 살면서 누려야 할 온갖 것들, 이를테면 행복이나 불행, 사랑과 이별, 성공과 실패, 부와 가난 같은 것이 공평하게 나누어지도록 준비해 둘 것으로 여겨진다.

그러므로 평생 동안 불행 속에서만 살아야 할 사람이나, 계속 행복하기만 해야 할 사람은 애당초 만들지 않았을 것이라는 게 내 생각이다. 다만 현실 세계에서 각자가 어떻게 제 삶을 꾸려가느냐에 따라 그 예비된 것들이 제대로 주어지기도 하고, 다음 생으로 미루어지기도 할 것이라 믿는다. 그런데도 이런 마음과는 달리 내 운명의 불공평함에 대한 억울한 생각이 수시로 일어나 나를 혼란스럽게 만드니 이와 같은 모순은 어디로부터 오는 것일까?

퇴근 시간이 꽤 남았는데도 서둘러 길을 나섰다. 건천에서 산내로, 운문댐을 끼고 돌아 창녕으로 이어지는 20번 국도는 언제나 좋다. 가까운 문우가 침이 마르도록 얘기하는 바람에 수 차례 달려 보았더니 정말 아름다운 길이었다. 운치 있고 사색까지 곁들인 이 길은 계절마다 주는 감흥이 달라 언제 와 보아도 새로운 곳 같아, 오늘처럼 마음이 뒤숭숭할 때면 선뜻 나서보는 드라이브 코스가 되고 말았다.

형형색색의 화려한 꽃들과 무성했던 잎이 모두 떨어져 나가고 외롭게 하늘을 향해 흔들리고 있는 나뭇가지가 죽음을 앞둔 노인의 바짝 마른 손가락을 연상시켜 마음이 아렸다. 봄 · 여름 · 가을 할 것 없이 그처럼 '좋다'고 감탄사를 연발하며 달리던 그 많은 자동차들이 오늘은 눈을 씻고 보려 해도 없다. 자연은 어떤 경우라도 인간을 차별하는 법이 없건만, 사람들은 제 기분에 따라 자연을 좋아하기도 또 잊어버리기도 하는 모양이다.

길은 어느새 어둠 속으로 가라앉았고 두 줄기로 내뿜는 자동차의 불빛과 차가운 겨울바람이 서로 으르렁거리며 경주를 한다. 나는 운문호가 잘 내려다보이는 길가에 차를 세웠다. 겨울을 맞는 호수는 늘 숨이 가쁘다. 얼음 나라가 세력을 확장하여 그의 숨통을 바짝 조이고 있기 때문이다. 그러나 두터운 얼음벽에 갇힌 호수는 그 누구를 탓하거나 원망하지도 않은 채, 제 몸을 쉴 새 없이 얼음장에 부딪혀 숨쉴 틈을 만들고 있다. 오늘도 그 애쓰는 소리가 쨍쨍하며 간헐적으로 울려 추위에 잠들어 가는 주위를 여지없이 깨우고 있다. 비록 힘들여 쪼갠 얼음판 사이로 상처에 새살이 차오르듯, 다시 얼음이 밀고 들어오더라도 호수는 멈추지 않는다. 아니, 제 몸에 시퍼런 멍이 들고 살이 찢어져도 도저히 멈출 수가 없는 것이다. 호수가 품어서 기르고 있는 수많은 생명체를 스스로가 포기할 수 없기 때문이다. 아, 무수한 생명과 생명들이 이렇게 서로 숨길을 잇고 몸을 기대어 가며 계절의 깊이를 만들어 내고 있었구나.

고개를 드니 멀리 별 하나가 깜박이고 있다. 마치 날 보고 달려오라 손짓을 하는 것 같다. 비록 저 별이 지금은 내 눈앞에 있지만 정확하게는 얼마 전의 모습일까. '내가 태어나기 전일까? 그보다 훨씬 전의 모습이 이제야 내 눈에 비치고 있는지도 모르지. 어쩌면 이미 없어졌거나 다른 장소로 이동해 가기도 했을 것이다.' 라고 생각하니 비단 별뿐만이 아니고 내 눈에 보이는 현실 세계의 실상이란 게 모두가 허상인 것만 같다.

무한이란 시간을 기준하면 한 사람의 생명이 태어나 숨을 거둘 때까지 누리는 시간을 전부 합쳐도 너무나 짧은 것일 테지만, 그것마저 한

눈파는 사이에 진짜는 잃고 가짜만 움켜쥐고 허둥지둥 살 수도 있겠구나 싶은 생각이 든다. 나 또한 눈앞의 헛것을 참인 양 붙들고 심한 가슴앓이를 해 가며 많은 날들을 살아오지 않았던가. 그 어디에도 쓰일 곳 없는 조그마한 성공을 앞세워 기뻐하며 오만을 떨었던 일들이 어지럽게 눈앞을 스쳐간다.

뿌리도 없이 떠다니는 환상을 실제보다 더 실제로 착각하여 내 것으로 만들기 위해 몸부림쳤던 지난날들이, 이제 와서는 오히려 내 운명에 대한 억울한 심사로 이어지고 있다는 자각이 뒤늦게 가슴을 짓누른다. 돌이켜보면 그동안에 이루어졌던 내 행위의 결과가 매번 어떤 모습으로 다가왔던 간에 그 모두는 피할 수 없는 내 몫이었는데, 좋은 것만 내 것으로 또 내 책임으로 인정하고 받아들이려 했으니, 마음에 차지 않았던 이런저런 일들이 내게는 억울했을 수밖에 없었던 것이다.

참 어리석은 일이었다. 설령 내가 가치 있다고 믿었던 것을 원하는 만큼 얻었다 한들, 그게 얼마나 오래도록 내 곁에 머물러 주었겠는가? 우리 인생살이에서 영원하게 지속될 진정한 가치는 어디에도 없었던 것을…….

지금은 다시 시작해 보지도 못할 만큼 멀리 와버린 내 처지가 틀림없지만, 행여 삐끗하여 현재보다 더 나빠진 상태에 놓이게 될지도 모르는 일 아닌가? 혹여 그렇더라도 내 운명에 대해 너무 원통해 하는 마음 앞세우지 않도록 심지를 굳게 가져야겠다. 불가에서는 이승에서 지은 업보대로 다음 생에서 돌려받게 되는 법이라고 말하기도 한다는데.

텅 빈 하늘에

숨이 막힐 듯한 현대문명 속에 살고 있으면서도 그나마 다행이라고 여기는 일 가운데 하나가, 비행기를 타면 구름을 가깝게 볼 수 있다는 것이다. 나는 짙은 구름이 온통 하늘을 뒤덮고 있는 날보다는 여러 종류가 층을 이루고 떠 있을 때를 제격으로 친다. 이런 날 비행기에서 바라본 하늘은 멋진 구름 세상이다. 구름 속에 구름이 있고, 그 안쪽에 또 다른 것들이 진을 치고 있다. 발 아래로 아득히 펼쳐진 하얀 구름바다를 보거나 눈 쌓인 밭고랑 같은 곳을 지나고, 집채만한 솜사탕이 창가로 다가와 얼굴을 스치면 나는 그만 몸을 내던지고 싶은 충동을 느끼게 된다.

하지만 이런 감정보다도 내 가슴을 더욱 두근거리게 하는 것은 하늘에서 사는 사람들을 만나게 되는 일이다. 눈을 가늘게 뜨고 마음을 한 곳으로 모아 가면 우리와는 아주 다른 기적氣的인 사람들을 볼 수 있다. 아마 이 땅에서 잘 살았던 사람들이 죽은 후에 에텔체의 몸을 얻어 구름 속에서 행복하게 지내는 것 같다. 적어도 그 일원에 끼기 위해서는 꽤 까다로운 자격 심사를 거쳐야 할 것 같다는 짐작만 할 뿐, 더 이상은 알 수 없는 사람들이 함께 어울려져 있다. 선풍도골仙風道骨로 보이는 그들은 아름다운 집에서 꽃을 가꾸고 그림을 그린다. 한가로이 강가를 거닐고 험한 산을 수월하게 오르는 모습도 보인다. 몇 명씩 모여 앉아 지상을 내려다보며 파안대소를 하기도 하지만, 걱정스러운 표정을 더 자주 짓는다. 위에서 바라본 우리네 삶이 많이 위태위태한 모양이다. 그래도 진정 평화롭고 자유스러운 모습이다. 내가 아무리 말을 걸어보려고 애를 써도 소용이 없다. '네 삶은 아직 멀었으니 공연한 욕심 내지 말라'는 듯한 표정으로 나를 빤히 바라보기만 한다.

갑자기 시야가 어두워지면서 몸이 흔들린다. 비행기가 짙은 구름 속을 지나고 있는 모양이다. 눈앞이 다시 밝아졌을 때, 창가에 생겼던 아주 작은 물방울들이 빠르게 사라지고 있었다. 곧 비가 될 구름이었던 모양이다. 하찮게 보이는 저 빗방울도 수십 년이나 수백 년, 어쩌면 헤아릴 수도 없는 길고 긴 세월을 보내고 나서야 비로소 하늘로 다시 오게 되었을 것이라는 데에 생각이 미치니 새삼 눈에 띄는 모든 것이 범상치 않게 여겨진다. 하기야 금세 스러질 생명이라도 귀하지 않은 게 이 세상 어디에 있으랴.

사람이 죽어 이승의 생으로 다시 태어날 수 있는 가능성은 빗방울이 구름이 되는 확률만큼이나 희소할 테지. 이런 희소한 탄생을 전제로 한다면, 비록 사람들의 일생이 서로 많이 다르다 하여도 자기의 일방적 잣대에 의해 함부로 남을 폄하하여 평가할 일은 아니라고 생각된다. 귀한 생명일수록 그 나름대로의 쓰임새나 역할이 각각 다르게 주어져 있을 것이기 때문이다. 일반적으로 성공한 삶이라고 부러움을 사는 사람도 그 자신에게는 지난 세월이 지나치게 긴장되고 고통스러운 나날의 연속일 수도 있을 터이고, 실패의 전형처럼 보이는 삶도 우리에게 줄 의미심장한 교훈적 메시지가 담겨 있을 수 있는 게 인생살이다.

타는 노을이 보인다. 저 멀리 하늘 끝으로 한 줄로 죽 그어진 진홍색의 경계선, 사뭇 황홀하다. 구름의 또 다른 손길은 하늘과 땅, 음과 양을 이런 찬란한 빛을 통하여 하나로 이어주고 있었던 것이다. 노을을 품은 구름까지 저렇게 하늘의 뜻과 인간의 마음을 연결하는 통로의 구실을 하고 있으니, 우주의 숨은 뜻을 모르고는 어찌 세상일을 안다고 우쭐대며 말할 수 있겠는가? 분명 그 속에는 신의 손길이 있을 것으로 여겨져 외경스러운 마음 금할 수 없다.

뒤늦게 구름 나라 사람들이 나에게 아는 척하며 손짓을 한다. 그러나 잘 가라는 인사인지 또 만나자는 뜻인지 알 수가 없다. 언젠가 나 죽으면 이승에서 맺힌 것 많아 발걸음 무겁게 이리저리 헤매지 말고 훌훌 날아 여기로 와서 얼마 동안이라도 살게 되었으면 좋으련만. 언감생심도 유분수지 가당찮은 발상일 터이다.

'저희 비행기는 잠시 후 착륙하겠습니다.'라는 기내 방송이 흘러나온다. 창 밖을 보니 파란 하늘과 뭉게구름이 그림처럼 펼쳐져 있다. 조금 전까지 내가 보았던 세상은 마음속의 나라였고 생각이 빚어내었던 환상이었음을 금방 깨닫는다. 그러나 내가 구경한 하늘처럼, 사람들의 마음속에도 각자의 세상이 따로 자리잡고 있을 것이다. 평소 밖으로는 고결하고 선한 척하지만 속에는 허영이나 욕심으로 가득 찬 시커먼 세상을 지니기도 할 것이요, 늘 욕심 많은 구두쇠처럼 행동해도 사랑이나 연민이 환하게 펼쳐져 있는 고운 마음씨를 가진 사람도 있을 것이다. 입만 열면 국민을 들먹이면서도 백성을 위하기는커녕 제 욕심을 주체하지 못해 눈멀고 귀먹은 공직자들도 적지 않은 우리 사회가 아닌가?

그러나 중요한 것은 '겉과는 다른, 생각이 만든 세상'이 그 사람의 진정한 행복을 약속한다는 사실이다. 그리고 더 심각한 문제는 이런 내용을 대부분의 사람들이 뻔히 알면서도, 대수롭지 않은 것으로 치부하여, 제 편의에 따라 생각과 행동을 거리낌 없이 달리하고 있다는 데 있다. 언뜻 보기에는 그렇게 사는 게 편리하고 유리할 것 같아도, 한 사람이 서로 다른 두 개의 세상을 가지고 양심의 눈치를 보아가며 산다는 것이 결코 쉬운 일은 아닐 것이다. 밖으로 나타난 세상과 마음속의 그것이 서로 거리가 멀면 멀수록 비례하여 번민과 고뇌가 커질 것이고, 가까우면 가까울수록 평안하고 행복해질 것이 틀림없기 때문이다.

한 자락의 구름이 저 앞쪽에서 잠시 잠깐 펼쳐졌다가 흔적도 없이 사라진다. 한쪽에서는 없던 구름이 금세 다시 생겨난다. 바람이 멈추면 죽지만 움직이면 다시 살아나듯이, 구름도 그 삶과 죽음이 실로 눈 깜짝할 사이 같다. 어쩌면 존재하는 모든 생명들의 생사마저도 마음먹기에 따라 종이 한 장 차이가 아니겠는가. '허공에 구름이 일고 사라지니, 일고 사라짐은 도대체 어디로부터 오는가?'하는 글귀가 떠오른다. 그렇다. 본시 아무것도 없는 것이 생각으로 일어날 뿐, 텅 비어버린 망망한 공간이 하늘 아니던가. 그러나 사실은 아무것도 없는 게 아니라 없는 것 없이 가득 차 있는 게 하늘이다. 만일 하늘과 마음이 같은 이치로 차고 빈다는 것을 깨닫게 되면 삶은 한결 수월해질 것이다. 집착으로부터 조금은 자유로워질 터이니 하는 말이다.

눈 내린 날 기차를 타고

햇살이 퍼지기 전의 눈 내린 풍경은 참으로 아름답다. 아주 잘 그려진 수묵화가 있다면 바로 지금의 풍경과 흡사하리라. 화선지에 번진 먹물에서 맡게 되는 은은한 향기까지 느껴져 눈을 감고 숨을 크게 들이마신다. 자연에서 얻어지는 아늑한 행복감, 나는 그것을 끌어안고 길게 펼쳐진 수묵화 속으로 여행을 가는 중이다.

숨막히게 아름다운 이런 풍경을 두고 많은 사람들이 절창絶唱을 아끼지 않았다. 과연 나는 무슨 내용으로 찬사를 보내야 할까? 아무리 생각해도 더 보탤 말이 떠오르지 않는다. 자연이 사람의 묘사를 통해 그 가치가 더해지는 것은 결코 아니겠지만, 이만큼 나이를 먹었어도 자연을 보는 눈이 깊어지지 못했음이 안타깝다. 그러나 굳이 나에게 눈 내린 날의 풍경을 말하라면 '너무 깨끗해서 막막할 뿐이다'고 표현하고 싶다.

형형색색의 사물들이 눈에 파묻혀 오직 흰색 하나로만 스쳐 지나간다. 어릴 때, 팽이 위쪽에다 칸을 지르고 무지개색을 따라 하나씩 칠한 후 돌려보면 그 원색들은 다 사라지고 흰색만 보여 신통하게 여겼었는데, 오늘 본 흰색의 비밀이 그때의 놀이 속에 들어 있었던 게 아닌가 싶다. '인생에서 알아야 할 대부분을 유치원에서 배운다'고 한 말이 새삼 와 닿는다.

세상 모두가 하얗게 덮여 있으니 문득 함께라는 느낌이 강하게 전해 온다. 그래, 이 세상에 존재하는 모든 것은 혼자가 아닌 함께라야 될 터이지.

40년의 긴 세월을 단숨에 건너뛴다. 내가 최전방에 있는 부대에 배속되어 부여받은 첫 임무는 야간 보초 근무였다. 처음 며칠 동안은 어떻게 보초를 섰는지 알 수 없을 정도로 공포에 질려 있었다. 캄캄한 밤, 찬바람은 살을 에고 바람에 흔들리는 나뭇가지와 마른 풀들이 마치 적군이 낮은 포복으로 다가오는 것 같았다. 오금이 저리고 목젖이 말라왔지만 눈을 부릅뜨고 총신을 더욱 단단히 잡아야겠다고 마음을 다그쳤다. 그러나 내 몸은 이미 얼어붙어 꼼짝할 수가 없었다.

그런 어느 날, 눈이 부시도록 새하얀 나라가 나를 에워싸고 있었다. 폭설이 내린 것이다. 백야처럼 시야는 밝아졌고 달빛은 무대 위로 비치는 조명같이 눈이 부셨지만, 어디가 어딘지 도무지 구분이 되지 않았다. 군 막사도 벙커도, 철책도 비무장지대도 모두가 눈으로 덮이고 말았다. 적군도 눈사람이 되고, 나 또한 눈사람이 되어버린 환상이 일어났다. 세상 모든 것이 하나로 연결되는 광경을 똑똑히 보았다. 홀연히 시간은 멈추어 섰고, 이상하리만치 마음에는 평온이 찾아왔다. 그날 이후 나는 공포의 덫에서 벗어나 탈 없이 군 생활을 이어갈 수 있었다.

지금도 오래 전 그때처럼 시간은 내 앞에서 하얗게 정지되고 세상은 눈으로 덮여 있다. 주장이 다르고 생각이 다르고, 살아가는 방식이 다르다고 서로가 적군처럼 되어버린 우리 사회가 백색 하나로 통합되어 빛을 내고 있었다. 만일 모든 사람들의 가슴에서 남을 미워하는 마음을 한 조각씩이라도 떼어내어 눈송이처럼 날려버리기만 해도 한결 살 만한 나라가 될 것이다. 나는 더 이상 참지 못하고 그만 눈으로 만들어진 세상으로 들어가 하얀 풍경 속에 어울리는 인물이 되고 만다. 마치 마술사에게 불려나간 꼬마처럼 숨도 제대로 쉬지 못한 채 시간을 잊어간다.

어느새 기차는 대전을 지나 영동을 향하여 달리고 있었다. 짙은 무대 화장을 지워버린 어릿광대의 얼굴이 전혀 다른 사람 같아 보이듯, 내 눈앞에는 낯선 세상이 나타나기 시작했다. 햇빛을 받아 묻혀 있던 원색의 욕망들이 꿈틀거린다. 주유소의 빨간 간판도, 초록색 도로 표지판도 보인다. 아파트 단지와 빌딩 숲도 슬슬 옆구리를 털고 일어난다. 자동차가 줄을 이으며 달리자 아스팔트길은 검은 핏줄을 세우고 오염된 세상과 연결짓기에 바쁘다.

순백의 생각으로 덮여 있던 내 머릿속이 갑자기 혼란스러워진다. 잠시 후면 또 다시 치열한 세상살이에 몸을 던져야 할 이런저런 일들이 떠올랐기 때문이다. 내가 마음속으로는 초연해지려고 끊임없이 노력하고 있어도 현실에 부딪히면 어김없이 욕망의 덫에 걸려 순식간에 속물처럼 변해버리니 무거운 탄식이 절로 나온다.

마침내 동대구역에 도착했다. 기차가 들어오는 바람에 플랫폼에 쌓였던 눈이 잠시 흩어진다. 저만치 날아간 눈은 순식간에 흔적도 없이 사라지고 남아 있던 것들은 군세게 서로를 껴안는다. 먼저 내린 것은 햇볕 아래서 죽고, 또 다른 것이 새 생명으로 내려와 동료가 살았던 자리를 눈부시게 치장하는 모습도 보인다. 하늘에서 떨어지는 그 짧은 순간만이라도 가장 멋진 모습으로 살아 있으려고 애쓰는 몸짓이 슬프도록 아름답다.

한 삶이 햇볕에 눈 녹듯이 사라지고 나면 다른 삶이 와서 말없이 그것을 덮고, 그 삶 또한 아침 이슬처럼 스러지고 나면 다시 새로운 삶이 내리도록 점지되어 있는 것이 인생길이다. 길고 긴 인류의 역사로 보면 제 삶의 순서가 어디쯤에서 주어졌던 간에, 이런 순환의 이치만 가지고서라도 주어진 시간 동안을 더욱 가치 있게, 또 정성을 다하며 살아야 할 것 같다. 내가 어떤 깨달음을 얻으면 경멸하고 싶은 남의 삶까지도 조용히 덮어줄 수 있을는지 진지하게 묻고 싶다.

상자 속의 다람쥐

정신없이 달리는 저 다람쥐는 언제쯤 원통에서 벗어나게 될까?

점심을 먹고 나오다가 좀처럼 구경하기 힘든 '다람쥐 쳇바퀴 돌리는 모양'을 보았다. 몇 종류의 동물을 함께 넣어 둔 커다란 철창 구석에 그 옛날 장터에서 자주 보았던 것과 똑같은 다람쥐 상자가 놓여 있는 것을 발견한 것이다. 상자 안의 원통은 달리는 속도에 비례하여 돌 수 있도록 고안되어진 장치이기 때문에, 다람쥐가 통 속에서 기를 쓰고 달리면 달릴수록 빨리 돌게 마련이다.

쇠창살 앞에 쪼그리고 앉아 한참을 보고 있으려니 눈이 아프고 머리가 어지럽다. 문득 내 어릴 때, 가쁜 숨을 몰아쉬면서도 계속 달리기만 하는 다람쥐를 보며 참으로 딱하다는 생각을 했던 기억이 난다. '뛰어 보아야 그 자리인 것을. 달리지 말고 가만히 서 있으면 오죽 좋을까' 하고 마음을 졸였던 일이 새삼 나를 먼 과거로 데려간다. 그런데 참 이상하다. 무척이나 긴 세월이 흘렀건만 지금도 다람쥐는 그때처럼 꽁지와 몸의 털을 곧추세우고 눈을 빤짝이며 조금이라도 더 빨리 뛰기만 하면 한없는 자유라도 얻을 수 있을 것처럼 속력을 내고 있다.

만약 저 상자의 문을 열어준다면 다람쥐가 잽싸게 뛰쳐나올까? 슬며시 손을 뻗어 보았지만 어림없는 거리였다. 설령 상자에 손이 닿아 문을 열었다 해도 다람쥐는 쉽게 달아날 엄두를 내지 못할 것만 같다. 왜냐하면 놈이 상자 속에 갇혀 사는 동안에 서서히 길들여져 도리어 지금의 생활에 안주하고 있을 것이라는 짐작이 들었기 때문이다. 하지만 따지고 보면 답답한 처지의 그놈을 두고 감상에 젖어 있을 내 입장도 아닌 것 같다. 나 역시 삶에 얽힌 무거운 사슬을 끊지 못하고, 욕망으로 만들어진 원통 속에서 평생을 숨가쁘게 달려온 처지니 말이다.

'인생이란 잠자는 시간과 길거리에서, 그리고 몽상하는 일에 다 써버린다'고 무의미한 시간 죽이기를 꼬집은 글귀도 있지만, 내 자신의 시간 쓰기도 상자 돌리기를 버릇처럼 계속하고 있는 다람쥐와 크게 다를 바 없다는 생각이다. 오늘이 어제 같고, 내일 또한 오늘 같은 날이 대부분이었다. 요즈음도 아침 일찍 집을 나와 회사로 가서 종일 책상을 지키고 퇴근하다가 목욕탕을 거쳐 집으로 오는 무늬 없는 생활을 반복하고 있는 처지다. 그뿐 아니다. 나이가 많아지니 만나는 사람도 하나, 둘 줄어들고 하는 일에도 한계를 느낀다. 새로 지인知人을 만들기도 어렵고 친구 사귀기도 좀처럼 쉽지가 않다. 점점 생활 반경이 줄어들게 된다는 얘기가 될 터이다.

그러나 아무 탈 없이 잘 살던 사람이 어느 날 갑자기 제 직업을 던져버리고 평소 자기가 하고 싶어 했던 일을 위해 발 벗고 나선 사람들을 더러 보게 된다. 요리가 하고 싶어 교수직을 그만두고 스테이크 하우

스를 개업한 사람도, 다 늦은 나이에 성직자가 된 친구도 몇 명이나 있다. 잘 나가던 공무원 자리를 박차고 나와 시장을 돌아다니며 생생하게 살아 있는 서민생활을 화폭에 담는 사람도 보았고, 이름도 잘 알려지지 않은 작은 호프집에서 피아노를 치면서 노래를 부르는 중년 신사도 만났다.

누구에게나 주어지는 인생, 그 한살이를 엮어가면서 제가 마음먹었다고 모든 것 밀쳐두고 실제 행동으로 옮기는 사람들이 몇이나 되겠는가? 참으로 어려운 선택이라 해야 할 것이다. 나는 이들을 용기 있는 사람들이라 부르며 평소 존경하는 마음을 가지고 있지만, 막상 내 자신은 머뭇거리기만 한다.

내가 창창하던 학창시절에는 소설 상록수에 빠졌고, 덴마크 농촌운동의 역사적 인물인 그룬트비히나 달가스 같은 사람에게 쉽게 매료되었다. 그래서 농촌운동을 해 볼 만한 가치 있는 일로 판단하여 그 지름길을 찾는다며 축산학을 전공으로 택했고, 직업도 그대로 따르다 보니 오늘에 이르게 되었다. 그러나 내 나이가 60을 넘어서면 이 일을 마감하고 자유인이 되고 싶었다. 하지만 그것도 마음먹은 대로 하지 못하고 더 무거운 짐만 진 채 아직도 현업現業에서 허덕이고 있다. 오랜 세월동안 나도 모르게 쌓여진 직장의 익숙함 때문에 여기에서 벗어나지 못하는 것인지, 다른 직업을 가진 삶에 자신이 없어서인지 분명하지도 않다. 어쩌면 피할 수 없는 운명의 덫에 걸렸다고 핑계하는 마음이 앞서 있어서 그런지도 모르겠다.

고백하자면, 그동안 나는 눈앞에 놓인 현실로부터의 탈출을 여러 차례 시도해 보았지만 번번이 실패하고 말았다. 실패한 이유가 나에게 귀속된 경우도 적지 않았지만 더 많게는 불가항력적으로 오는 운수처럼 나도 모르는 사이에 일이 묘하게 꼬여 버렸다. 이런 일을 여러 차례 당하고 난 나는 '잘 굴러가던 일상 궤도를 미련 없이 벗어날 수 있다는 것은 아무래도 제 팔자에 미리 새겨져 있는 깊은 사연이 있기 때문일 것'이라고 혼자 변명 아닌 변호를 해 본다. 그러나 한마디로 설명할 수는 없지만 지금 하고 있는 생업 이외에 또 다른 길이 나를 기다리고 있을 것이라는 미련과 초조함을 버릴 수가 없으니 이를 어찌하면 좋은가?

도저히 끊을 수 없을 것 같은 팔자라는 질긴 밧줄로 짜인 상자 속에 갇혀 허둥지둥 달리는 내 모습이 오늘 본 다람쥐와 흡사하다는 생각이 자꾸만 떠올라 심난하기까지 하다. 하기야 행복이나 불행, 부자와 그 반대의 형편, 명예를 얻거나 잃는 것, 심지어는 탄생과 죽음까지도 어쩔 수 없이 돌고 돌아야 하는 수레바퀴와 같은 것이라 보면, 그것을 벗어난다 해서 달리 또 무엇을 할 수 있겠느냐는 회의 때문에 만사가 시들해지기도 한다.

그렇더라도 나는 이 굴레에서 꼭 벗어나고 싶다. 만일 내 운명의 수레바퀴에서 손을 놓으면 가없는 나락으로 굴러 떨어진다 해도 포기하지 않고 계속 탈출을 시도해 볼 작정이다. 아직도 철망을 벗어나지 못하고 가쁜 숨을 내쉬며 정신없이 달리기만 하는 저 다람쥐가 '생각을 하고 꿈을 꿀 수 있는 존재라면 어떻게 행동했을까' 하는 의문이 새로운 화두가 되어 나를 붙잡는다.

마당에 서서

나는 공장 마당의 대부분을 맨땅으로 남겨두고 흙을 밟는 즐거움을 은근히 누리고 있었다. 틈이 나면 공장을 한바퀴 돌면서 아직도 흙을 가까이 대하며 근무할 수 있다는 사실에 혼자 미소를 짓기도 했다. 그런데 물건을 실으러 오는 대형 화물차들이 흙먼지를 심하게 날리는 통에 직원들은 물론이요 고객들의 불평이 점점 늘어나 더는 버틸 수 없어 마당 전부를 시멘트로 포장해버렸다. 마당 가장자리에 제법 넓은 언덕이 있어 풀과 나무가 무성했었는데 하루아침에 벌거숭이가 되었고, 높고 단단한 시멘트 옹벽에 반 이상이 둘러 싸여진 공장은 전쟁이 잦았던 중세의 작은 성을 연상케 했다.

덕분에 흙먼지는 나지 않게 되었지만 삭막하기가 그지없다. 마음이 하도 답답하여 궁여지책으로 시멘트 바닥 위에 붉은 벽돌로 단을 쌓아 흙을 붓고는 몇 종류의 꽃과 키 낮은 정원수를 심어 보았지만 해를 넘기지 못하고 시들해져 갔다. 나날이 병약해지는 그 모습이 보기가 싫어 전부 뜯어버리고 나니 마당은 도로 시멘트가 차지한 세상이 되고 말았다. 산에 가 보면 바위 위에 나무가 서 있기도 하고, 더러는 나무 뿌리가 알아서 큰돌을 피해 가며 잘도 자라주고 있더니만 시멘트 위에서는 전혀 맥을 추지 못한다. 나무는 적극적으로 시멘트를 공격하기는 커녕 맞서서 견딜 엄두도 내지 못하는 것 같았다. 사람들이 손쉽게 사용하게 된 시멘트가 식물에게는 이처럼 무서운 적이었다.

흙먼지를 막아 보자는 한 가지 이유로 감행한 일 때문에 잃어버린 것이 너무 많다. 땅도 잃고, 나무도 잃고, 예쁜 들꽃들도, 새소리마저 잃었다. 한여름 이글이글 타는 태양 아래서 계절을 불살라 버리려는 듯 숨가쁘게 울어대던 매미소리를 가까이서 듣지 못한 지도 오래고, 곡식 부스러기를 입에 물고 길게 늘어섰던 개미 떼도 간 곳이 없다. 싱싱한 풀과 커다란 나뭇잎을 스쳐온 바람은 더위에 지친 우리에게 한결 시원한 기운을 뿜어 주었었는데 이제는 열풍뿐이다. 그래서 직원들은 휴식시간에 나무 그늘 대신에 에어컨이 돌아가는 작은 강당에서 TV를 보고 있다. 땅을 못 보면 마음의 여유마저 줄어들게 될 줄이야 짐작이나 했던 일인가.

내가 땅 바닥에 쪼그리고 앉아 작은 활석으로 흙 표면을 화판삼아 그림을 그리며 놀던 때의 추억이나, 나지막한 동산에서 맨발로 붉은 색깔의 흙을 밟으며 그 부드러운 촉감에 어머니의 가슴팍을 떠올리며 마냥 즐거워했던 기억들도 까마득하기만 하다. 등산을 하면서도 정겨운 마음으로 나무를 만져보거나 껴안아보기보다는 가파른 산길을 손쉽게 오르기 위해 나뭇가지를 휘어잡았던 게 고작이었고, 건강을 위한다는 사람들에게 하도 얻어맞아 껍질이 벗겨진 채 고통 받고 있는 동네 뒷산의 나무 둥치에 나 역시 수십 번씩 반복하여 등을 부딪치며 흐뭇해했다.

산을 오르며 잠시 앉아 쉬었던 하잘것없어 보였던 풀포기나 내 눈을 기쁘게 해 주었던 작은 들꽃, 흐르는 개울물에서조차 자연의 은혜가 넘쳐 내게로 왔던 것을 이제 와서야 어렴풋이 깨닫는다. 도대체 이 나이를 먹도록 내가 심은 나무는 몇 그루나 되며 써 버린 나무는 몇 그루나 될까? 아무리 셈을 해 보아도 길러낸 나무보다는 써 없애버린 나무가, 새로 일군 땅보다는 못쓰게 만든 땅이 훨씬 더 많다는 결론에 닿고 만다. 이 모두가 자연은 항상 나를 위해 존재해 있다고 믿고 그것을 내 쓰임새에 맞게 재단하기에 바빴던 어설픈 오만 때문이었으리라.

내 삶이 자연에게도 그러했거늘 사람과의 관계에서는 오죽했겠는가. 욕심에 쫓겨 무리수를 둘 때마다 나는 무엇인가 해害되는 것을 세상 사람들을 향해 토해 놓았을 것이다. 마치 자동차가 빨리 달릴수록 공해 발생량을 기하급수적으로 증가시켜 세상을 오염시키듯이. 그로 해서 요즈음의 나는 할 수만 있다면 남에게 부탁하거나 신세지지 않고 무언가 보탬이 되는 사람의 처지에 서려고 몹시 애를 써 보지만, 어찌된 영문인지 세월이 갈수록 보탬은커녕 더 많은 도움과 은혜 속에서 살고 있는 자신을 발견한다. 심지어는 나도 남에게 제대로 베푼 적이 있었다고 흐뭇해했던 일이 도리어 나의 만족이나 위안을 위해 이루어지지는 않았을까 하는 의심마저 생겨 당혹감을 금치 못할 때가 있다.

그런 어느 날 나는 보았다. 두껍게 내려 부은 시멘트 가장자리로 풀이 자라고 있는 것을 똑똑히 보았다. 비단 그곳만이 아니었다. 어디든지 흙 기운이 비치는 틈새만 있으면 어김없이 싹이 터서 잎을 세상 밖으로 열심히 밀어내고 있었다. 나는 생명의 입김이 땅으로부터 쉬지 않고 솟아오르는 현장에 서서 많은 생각을 했다. 인디언들이 대지大地를 두고 거리낌 없이 어머니라 부르는 이유를 알 것도 같다. 흙이 생명의 고향이라면, 어머니는 우리 삶의 고향이 아니던가. 땅을 잃으면 세상의 어머니들을 잃게 되는 이유를 좀 더 많은 사람들이 알게 되었으면 좋으련만.

따져보면 나 역시 지구라는 별에 잠시 다니러 온 손님일 뿐 결코 주인이 아니지 않은가. 어떤 사람이 남의 집에서 하룻밤 신세를 지고 나면 제가 잔 잠자리만이라도 깨끗이 치워놓고 떠나는 것이 온당한 일이듯이, 내가 이 행성에 머물면서 사용했던 모든 것들을 원상으로 되돌려 주거나 조금이라도 좋게 만들어 놓고 떠나야 함이 당연하리라. 자, 이제 나는 무엇부터 시작해야 할까?

그림 그리는 수성못

구름이 낮게 드리워진, 바람 한 점 없는 날의 새벽은 못의 수면을 더욱 조용하고 다소곳하게 만들어 놓았다. 시간이 어둠의 빗장을 열자 곧장 몰려온 여명의 발걸음 따라 못은 바쁘게 그림을 그리기 시작한다. 대구시의 명물인 수성못은 그 자체가 바로 화가요 캔버스였다. 넓은 화폭에 옅은 회색을 바탕으로 그리고 있는 그림은 정물화나 풍경화라고 해야 알맞을 것 같다.

초록이 짙어질 대로 짙어져 더는 어찌할 수 없어 몸살을 해대는 듯한 뒷산을 그려 넣는 것을 출발로 이제 막 깨어나는 아파트 단지며 수성관광호텔, 비잔티움이란 붉은 간판의 레스토랑까지 빠르게 그려나간다. 섬세한 필치로 놀이배의 선착장과 밧줄에 묶여 있는 보트, 나지막한 돌담과 짧은 풀이 돋아 있는 언덕이며 어린 나무와 앙증스러운 들꽃도 그려낸다. 미동도 하지 않는 화폭에 담을 수 있는 것을 모두 담은 그림은 실제보다도 더 사실적이다.

수면에 작은 파문이 생긴다. 붕어나 잉어 같은 물고기들이 떠올라 세상을 한 번씩 둘러보고는 물속에 잠기는 흔적을 그렇게 남기고 있다. 엄지 손가락만한 게 몇 개씩이나 물위에 가만히 떠 있기에 이상하다 싶어 눈여겨보니 자라들이다. 손바닥만한 크기의 자라가 몸을 앞으로 약간 숙인 채 네 발을 쭉 펴고 세상에서 가장 편안한 자세로 목을 내밀고 있다. 한쪽 기슭에는 오리 가족이 헤엄을 치고 있다. 그것들이 만들어내는 작은 물살이 나뭇잎 사이로 갈라져 내리는 햇살처럼 선연하다. 조악한 환경에서 그처럼 많은 새끼들을 한꺼번에 부화시킨 솜씨가 놀랍기 그지없다.

눈에 보이는 지상의 모든 것이 호수에 내려와 있고, 그 속에 많은 생명체가 살아서 느긋하게 아침을 즐기고 있는 모양이 별천지 같아서 보기에 너무 좋다. 하지만 앞으로 두어 달 지나고 나면, 여름 놀이에 맛들인 극성맞은 사람들 때문에 이런 평화는 여지없이 깨어질 것이다. 서늘한 달이 뜨고 옷소매 속으로 한기를 느끼게 하는 바람이 불 때까지 그것들은 숨을 죽이고 살아야 하는 연중행사를 피할 수가 없을 것이다.

못 가운데에 커다란 분수대를 만들어 두었지만 물을 뿜는 시간은 아주 잠깐일 뿐, 할 일 없어 웅크리고 있는 시간이 대부분이다. 수면 위로 돌출된 부분이, 마치 얕은 바다에 가라앉아 상체만 내어놓은 채, 세월에 밀려 죽어가고 있는 폐선의 흉물스러운 모습과 흡사하다. 그러나 못은 그것마저도 마다 않고 고스란히 받아들이고 있다. 사람 보기 좋으라고 치장한 장식물들은 이처럼 자연미와는 일치하지 않는 경우가 허다하다. 조화가 곧 아름다움이요 상대를 배려하는 지혜인데, 사람들은 조화를 깨트려가며 조형미造形美를 찾고 문화를 들먹이는 어리석음을 곧잘 드러낸다.

유람선 선착장 옆으로는 좁지만 제법 가파른 언덕이 이어져 있고, 그곳으로부터 길을 따라 호수 주위로 드문드문 벤치가 놓여 있다. 눈을 돌려 벤치를 둘러보고 있는데 저만치 떨어진 곳에서 한 사람이 갑자기 풀 속으로 주저앉는다. 놀라서 뛰어가 보려는데 금세 다시 일어났다. 등산복 차림의 할아버지다. 새벽 등산길이면 산으로 가실 일이지 도대체 여기서 뭘 하는 것일까?

손에는 투명한 비닐 봉투가 들렸고, 이미 상당량의 담배꽁초와 휴지 등속이 쌓여 있었다. 그렇다면 연로하신 분이 인적 드문 새벽녘에 쓰레기를 줍기 위해 일부러 이곳까지 와 있단 말인가! 밤사이에 저 많은 것을 사람들이 버리고 갔다는 사실이 믿어지지 않는다. 그러고 보니 벤치 주변이 더 지저분했다. 연인들은 그 자리에 앉아 다정하게 손잡고 사랑을 속삭이기도 했을 것이고, 내일을 언약하며 뜨거운 키스를 나누기도 했을 터이다. 행복이 남긴 찌꺼기치고는 격이 많이 떨어지는 셈이다. 저들 사랑이 축복 받기 위해서는 세상을 축복하는 법을 배우는 것이 먼저일 성싶다.

날이 환하게 밝아오자 사람들이 모여들기 전에 일을 마쳐야 하겠다는 듯, 노인은 계속 여기저기를 뒤적이며 풀의 고통을 주워내고 키 낮은 들꽃의 절망을 치워주고 있었다. 어느새 노인은 수성못이 그린 또 다른 한폭의 그림이 되었다. 라면 몇 상자를 고아원에 보내면서 사진이나 찍는 광고용 봉사보다는 훨씬 인간적이다. 그는 진정으로 풀을 사랑하고 못을 아끼고 있다. 주위를 둘러보면 그가 지닌 온화한 표정과 은은한 미소 때문에 가난이 오히려 다행스럽게 보이는 사람을 만날 수 있듯이, 오늘 이 못에는 저 노인을 볼 수 있어서 우리의 미래를 절망하지 않게 하는구나.

나지막이 드리운 구름 색깔이 점점 짙어지더니 이제는 더 이상 자신의 무게를 지탱할 수 없는지 비로 내린다. 순식간에 못은 무수한 파문으로 가득 채워지고, 그림도 잘게 부서져나가 원형을 알 수가 없다. 못은 비뿐만이 아니라 가느다란 바람결에도 곧잘 붓을 거두어 버린다. 사람들의 발자국 소리나 물방개의 몸짓에도 예민하게 반응하는, 그래서 남몰래 숨어서만 그리고 싶은 수성못인가 보다. 그러나 그는 놀랍게도 한 손으로는 그림을 그리고, 다른 손으로는 끊임없이 많은 생명들을 키워낸다. 또 비가 씻어 내린 세상의 탁한 찌꺼기마저 걸러내는 역할도 잊지 않고 있다. 그러면서도 뻐길 줄도, 큰 소리로 자랑할 줄도 모른다. 아마 수성못에는 물의 영혼이 살고 있는가 보다.

정지된 시간을 바라보며

스산한 바람이 불던 12월의 어느 날. 퇴근길에 동대구 나들목을 지나서 망우공원 쪽으로 차를 몰아가고 있는데, 눈앞으로 찬란한 노을이 장막처럼 나를 막아섰다. 늘 다니는 이 길, 겨울철이면 자주 노을을 만나기 때문에 별다른 감흥도 없이 그저 스쳐 지나기가 예사였는데 오늘따라 나를 감싼 그것은 신비스러운 모습을 하고 있었다. 노을은 옛 동화 속의 궁궐 같은 건물을 앞세우고 붉게 타오르고 있었다. 티끌 하나 없이 붉디붉어 마치 거대한 불의 나라 같았다. 순간, 노을의 불꽃 속에서 시간은 타버리고 하늘과 땅, 나와 내 차도 하나가 된 강렬한 느낌이 밀려왔다. 움직이는 모든 것들이 정지되어 노을 속으로 소리 없이 녹아들고 있었다.

정지해버린 시간. 애초에 시간이란 흐르는 것이 아니고 이렇게 정지한 상태란 말인가? 아마도 시간은 아득한 과거로부터 멀고 먼 미래까지 아무런 구분도 없이 그냥 존재해 있었지 싶다. 시간은 이렇게 말없이 서 있는데 사람들이 제 멋대로 날日과 달月이나 년年으로 나누어서 자꾸만 써버리고 있었던 것이리라. 비가 오고 눈이 내리고, 꽃이 피고 꽃이 지고 이런 현상들을 바라보며 봄·여름 같은 계절마저 만들어 그 속에 빠져 희로애락을 누리고 있었으니, 삶의 내용에 따라 시간이 상대적으로 빠르거나 늦기도 하였을 것이다. 그래서 어떤 사람은 인생길이 지루하다고 모진 목숨을 스스로 끊어 버리는 비극을 연출하기도 하며, 또 어떤 이는 지금의 제 좋은 처지가 마냥 길게 이어질 것으로 착각하고 호들갑을 떨기도 했으리라.

불가佛家에서도 찰나刹那를 누적시키면 겁劫이 되고, 겁을 세분하면 찰나가 된다고 했다. 아마 찰나 속에도 영원히 포함되어 있고, 영원의 내면은 찰나로 채워져 있다는 것을 지적하는 말일 것이다. 영원도 찰나의 다른 모습이요, 모든 찰나도 궁극적으로 영원에 이어진다는 뜻이기도 할 것이다. 어떤 사람은 '애당초 시간 같은 것은 없다. 다만 끝나지 않을 지금 이 순간만이 계속 될 뿐'이라고 주장했다고 한다. 하기야 '윤회의 긴 여정'으로 따져보더라도 인생은 실로 순간의 연속일 뿐이리라.

만일 이렇게 짧은 시간을 영원에 닿도록 살 수 있는 방법을 나에게 말하라고 한다면, '현재를 깊이 사는 것' 이외에는 별 다른 방안이 없을 것이라고 대답할 것이다. '현재'라는 시간의 올바른 해석은 과거와 현재와 미래가 하나로 묶인 개념으로 봐야 옳을 것이기 때문이다. 하니 이쯤에 와서, 시간이 흘러가는 것이 아니고 인생이 흐르는 것이라고 적극적으로 생각을 바꾸어 보면 어떨까. 시작도 없고 끝도 없이 영원으로 뻗어 있는 시간 중에서 제게 주어진 제한된 시간을, 그것도 은

행에 예금된 돈을 꺼내 쓰듯, 오직 각자의 재량에 맡겨 둔다면 어떻게 할 것인가. 아마 그렇게 되면 사람들은 여태껏 적당히 지내왔던 날들을 후회하고, 자기 앞에 놓인 짧디 짧은 시간을 두고 제 나름대로는 최선을 다할 궁리를 하고 또 하게 될 것이다.

시간을 잘 쓴다는 것. 그것은 시간에 매달리지 않고 제가 필요한 물건을 골라 쓰듯이 꼭 필요한 시간만을 잘 선택하여 사용하는 데서부터 출발해야 할 것이다. 그런데도 주위를 둘러보면 매 순간 가장 귀중한 곳에 제 시간을 쓰지 못하고, 부질없는 일에 얽매여 자기도 모르는 사이에 속절없이 시들어 가는 인생을 얼마든지 볼 수 있다.

실현 가능성이 없는데도 공상 같은 목표 때문에 너무 많은 것을 희생하며 사는 사람들이 예상외로 많은 세상이란 사실에 나는 놀라곤 한다. 또 과거의 망령에 발목을 잡혀 한 발자국도 앞으로 나아가지 못하는 경우나, 신이 공짜로 내려줄 것 같은 미래의 행복에 목을 늘어뜨리고 그저 기도만 하며 세월을 죽이는 사람도 부지기수임을 안다. 어느 권력이, 어떤 돈줄이 제게 이로울 것인가를 계산하여 날마다 줄서기에 여념이 없는 사람들은 '어려운 처지의 사람을 앞장서서 도울 마음은 간절하지만, 업무에 바빠서 도저히 짬이 나지 않으니 안타까울 뿐'이라고 푸념을 해대고 있으니 세상이 자꾸만 이상하게 흘러가고 있다는 생각을 하게 한다.

참으로 시간이란 묘한 얼굴을 가졌다. 마음먹기에 따라서는 한 달을 하루처럼 후딱 보낼 수도 있고, 하루를 한 달같이 길게 쓸 수도 있으니 이것이 바로 시간의 독특한 가치요 힘이다. 비록 똑같은 길이의 시간이 주어졌다 하더라도 개인에 따라 나타나는 결과가 같을 수 없는 이치이다.

그러니 세월이 화살같이 지나간다고 한탄하지 말자. 세월이 가는 것이 아니고 내 스스로가 가고 있을 뿐이다. 어느 날 거울을 보며 문득 10년의 세월을 훌쩍 뛰어넘은 듯한 늙은이를 발견하고 소스라치게 놀랐다 하더라도, 그것 또한 시간이 만든 게 아니고 제가 그렇게 만든 것이니 누굴 원망하며 어디에 하소연할 것인가?

인생의 선배들은 말했다. '사람이 한평생을 잘 살기 위해서는 평소에 제가 꼭 이룩하고 싶은 목표를 명확하게 세워두고, 어떤 어려움이 따르더라도 흔들리지 말고 촌음을 아껴 앞으로 나아가야 성공할 수가 있다'고. 그러나 살아보면 그런 충고가 능사가 아니었음을 알게 된다. 왜냐하면 정해진 목표를 달성하기 위해 앞뒤 돌아보지 않고 숨가쁘게 일직선으로 달려갈 때, 제 스스로는 물론이요 주위의 많은 사람들에게 상처를 입히기 십상이기 때문이다. 정말로 기분 좋게 보람 있는 일을 성취한 경우의 대부분은 열심히 일을 해 나가고 있는 중에 자연스럽게 얻어진 뜻밖의 결과를 볼 때이다.

비록 늦긴 했지만, 나는 정지된 시간을 느긋하게 바라보며 늙을 사이가 없도록 바쁘게 살아 볼 작정이다. '특별히 욕심을 내어 바라는 것 없이 바쁘게 산다'는 게 진정 행복할 수 있는 또 하나의 비법이란 사실을 오랫동안 해 오던 사업을 접고 세상에서 한발 물러선 요즈음에 와서야 뼈저리게 실감하고 있어서 하는 말이다. 욕심 내지 않으면서도 바쁘게 사는 것, 이것이 바로 정지된 시간을 잘 쓰는 방법이기도 한 것이다.

섬을 모른다

내 고향 통영의 이름난 관광 코스인 '산양면 해안 일주도로'의 중간쯤에는 '달아 공원'이라는 조그마한 해상공원이 있다. 주차장에서 언덕길을 따라 올라가다 보면 숨이 턱에 찰 즈음, 어느새 공원 정수리에 서게 되고 통영을 끼고 도는 바다가 한눈에 들어와 그만 황홀해지고 만다. 날이 맑을 때면 멀리 대마도가 보이는 곳이라 하여, 너도나도 발돋움을 하며 목을 길게 빼보는 재미도 가진 그림 같은 공원이다.

강한 햇살에 눈이 부셔 손바닥으로 모자챙을 만들고 실눈을 뜨면, 수평선 끝에서는 하늘과 바다가 따로 없다는 것을 금세 알아차릴 수가 있다. 조금 전까지 하늘이었던 게 어느새 바다가 되고, 바다인가 싶었는데 다시 보면 하늘로 바뀌어 버린다. 아득히 열린 바다가 하늘과 맞닿아 서로를 닮아 가는 조화를 눈앞에서 보며 신기해하지 않는 사람은 없으리라. 하지만 나는 수평선을 만들어 내는 먼바다를 오래 바라보지 않는다. 왜냐하면 망망대해가 이루고 있는 수평선은 그 광경이 광대무변하고 바다가 끝을 보여 궁금증을 자아내기는 하지만, 너무 단조로워 나에게 지루함을 주기 때문이다. 또 그곳에는 범접할 수 없는 자연의 경이로움이 있다고는 하나, 지나치게 직선적이고 변화가 없어서 재미난 상상을 얻지 못하는 이유가 나의 발길을 돌려세우기도 한다.

그러나 그 단조로운 구도 속에 섬을 한번 배치해 보자. 얼마나 아름답고 환상적인 모습으로 탈바꿈하는가? 그렇다. 바다는 섬이 있어야 비로소 아기자기한 멋을 부리기 시작하고, 언제나 동경하고 싶은 바다가 된다.

팽팽하게 조였던 눈길을 풀고 공원 주변의 바다를 다시 천천히 둘러본다. 섬들이 그림처럼 겹겹이 떠 있다. 어떤 것은 누워 있고, 어떤 것은 가부좌를 틀었다. 서 있는 것이 있는가 하면, 웅크리고 있는 것도 있다. 비록 지어내고 있는 모양은 각기 다르지만 거기에도 정연한 질서가 있다는 느낌을 준다. 모두가 꼭 있어야 할 곳에 자리잡고 있다는 뜻이다. 바다를 하늘로 삼고 섬은 별처럼 그렇게 떠 있었다. 별이 하늘에서 태어나 별자리를 따라 하늘에 떠 있는 것처럼, 섬도 바다에서 태어나 숙명처럼 바다에 떠 있는 것이다. 우주의 불가해한 힘은 언제 어디서나 제 스스로를 닮은 모습을 삼라만상에 투영하려 애쓰고 있다는 사실을 조금은 알 것 같다.

'섬은 육지의 아들로 태어났지만, 멀리 바다에 고립되어 있기에 외로움과 그리움의 상징이 된다'고 말하는 사람들을 보았다. 하지만 나는 그렇게 생각하지 않는다. '섬은 아득한 옛날부터 있어 온 바다의 다른 모습'일 것으로 믿는다. 바다는 세상과 함께 어울리고 싶은 간절한 바람을 뭉치고 또 뭉쳐서 섬으로 만들었을 것이다. 그런 이유로 바다는 섬을 통해 세상 소식을 듣고 세상을 얘기한다. 물살이 섬 주변을 꾸르륵 꾸르륵 소리치며 쉴 사이 없이 맴돌고 있는 것을 보면 쉽게 짐작이 간다.

이처럼 섬은 바다의 분신이기 때문에 바다는 어머니 같은 마음으로 그것을 가꾸게 된다. 그로 해서 긴긴 세월을 두고 섬에다 그림을 그리고 조각을 한다. 예쁜 돌로 장식도 하고 부드러운 모래를 운반하여 놓거나 나무를 키우기도 한다. 네 발 달린 짐승이 살아가게 허락하기도, 날짐승이 보금자리를 틀게 그냥 두기도 한다. 그 주위를 물고기들의 서식지로 만들어 사람과의 인연을 더욱 깊게 꾸며 가는 일도 바다의 몫이다. 이렇게 바다는 제 몸 이상으로 섬을 사랑하고 아낀다.

오늘 아침 TV에서 섬에서 섬으로 이동하며 낚시하는 전문 꾼들을 며칠이고 추적하며 촬영한 그림을 방영하고 있다. 그들은 섬이 밤새 품어 온 고기들을 아무 생각 없이 낚아 올리고 있다. 신명이 돋아 입이 함지박만하게 벌어지는 모습도 보여 주었다. 낚시만 잘된다면 어떤 곳이든 사양하는 법이 없는 사람들에게는 지금 섬이 병들어가고 있는지, 그들의 행위가 섬에게 어떤 위해를 가하는지 아랑곳하지 않을 것 같다. 아마 낚시꾼에게서의 섬이란 고기를 욕심대로 낚아 올리기 위한 그때그때의 발판일 뿐이리라. 어찌 이들 뿐일까. 소위 잘났다고 남 앞에 까불고 나서는 사람일수록 자연을 우습게 보는 경향이 있는 것을.

전설의 섬 이어도의 실체가 알려지자 호기심 많은 사람들은 몸살을 내었다. 장비를 앞세워 과학이 침입하고, 그럴듯한 구실을 내건 사람들의 욕심이 철 구조물이 되고, 뉴스가 되어 덕지덕지 섬에 올라앉기 시작했다. 아! 이를 어쩌나, 이어도는 전설에 쌓인 채 꿈으로 살아가게 그냥 내버려 두었어야 했는데. 개발이라는 명분 아래 우리의 전설들이 가없는 어둠 속으로 하나 둘 사라지고 나면 우리는 무엇을 소재로 하여 꿈을 꿀까?

언젠가 나는 부산 부근의 어떤 조그마한 섬이 호화로운 별장으로 꾸며져 있는 것을 보았다. 최신 설비가 편의를 다했고 아무나 들어가지 못하도록 지키는 사람도 있었지만, 그것은 도리어 생기를 잃고 서서히 죽어가고 있었다. 섬이 죽으면 바다가 죽을 것이고, 바다가 죽으면 훨씬 더 많은 것들이 죽어가야 하는 피할 수 없는 순환의 고리에 우리들의 삶도 꿰어 있는 것을 …….

사람들은 섬을 모른다. 그것이 있음으로 바다가 온전한 바다가 되고, 탈 없이 육지와 소통할 수 있다는 사실을 모른다. 바람이라도 거세게 부는 날 섬이 통곡하듯 그렇게 소리 높여 외치는 속사정을 사람들은 알려고도 하지 않는다.

돌고 도는 길 위에서

지금 나는 화장장의 높다란 굴뚝을 바라보고 서 있다. 구름 한 점 없는 맑고 푸른 하늘이 지상에 너무 가까이 와 있어서 팔을 크게 내저어 버리면 파란 물감이 왈칵 쏟아질 것 같은 날씨다. 장례의 마지막 절차를 밟고 있는 사람은 독실한 신앙심에 의지해 맑고 곧게 평생을 살다 가신 어른이시다. 평소의 건강으로 보아서는 100수는 문제없으리라 믿었었는데, 누구나 가게 되는 피할 수 없는 길이지만 너무 서둘러 떠나신 것 같아 아쉬움이 크다. 나는 차마 무거운 발걸음을 떼지 못하고 주검을 태우는 연기를 하염없이 올려다보고 있는 중이다.

처음엔 짙은 회색 연기가 잠시 보였으나 점점 엷어져 이제는 하얗게 바뀌어 가늘게 피어오른다. 얼마 떨어지지 않은 곳에서 또 다른 연기가 솟아난다. 아마 생활쓰레기 같은 것을 태우는 모양이다. 한참 쳐다보고 있으려니 두 갈래의 연기가 서로 부르기라도 하는 듯 먼 하늘에서 다정스레 만나고 있다. 함께 손을 잡기도 어깨동무를 하기도 한다.

어찌 사람의 주검과 쓰레기를 태운 연기뿐이겠는가! 내가 쓰던 원고지나 벽에 걸렸던 마른 장미꽃, 못 쓰게 된 돈 뭉치도 태우면 모두 연기가 되어 같이 섞이게 될 것을.

K대학의 큰 강당을 가득 메우고도 넘쳐 난 군중을 향해 설법하던 틱 낫한 스님은 종이를 말아 쥐고 불을 붙였다. 연기가 나고 불길이 솟고 종이는 이내 재가 되어 날려가 버리고 손에는 아무것도 없었다. '여기 불타고 있는 종이에서 나오는 연기는 하늘로 올라가 종내에는 보이지 않게 되지만, 사실은 아주 엷어진 상태로 존재하게 됩니다. 타는 종이에서 나는 열기도 우주 속으로 들어가 다른 것들과 뒤섞이게 되고, 남은 재는 흙으로 돌아갑니다. 아마도 종이의 다음 생은 구름이 될 수도 장미꽃이 될 수도 있을 것입니다.' 그는 만물의 인연과 윤회를 그렇게 쉽게 설명해 나가고 있었다.

살아 있던 것들이 죽고 나면 흙이나 연기로 되어 함께 모이고, 다시 그것들이 새 생명을 얻게 되면 각기 다른 몸으로 따로 살게 되는 이치가 참으로 오묘하다. 그래서 비록 일시적으로는 영영 헤어진 것처럼 보이는 것들도 오랜 세월이 가기 전에 서로가 또 만나게 되는 일을 반복하게 만들어 둔 것이리라. 이렇게 순환하는 인연은 생을 거듭해 가며 더욱 단단해져서 먼 훗날, 광대무변한 우주 속에서 다 같이 그 일부가 되어 존재해 있을 것이다.

내가 남들과 분리되어 살아 있음은 잠깐이요, 나 아닌 것들과 구분 없게 되어 길고 긴 세월을 함께 할 것이라 생각하니 새삼 숙연해진다. 그러고 보면 우리가 평소에 느끼지 못할 뿐, 만물은 보이지 않는 연결 고리로 한데 묶어져 있어 더러는 서로 몸을 바꾸어 살기도 할 것이라는 생각이 든다. 언제, 어떻게, 무엇으로 바뀌어 태어날는지도 모르는, 실로 찰나에 불과한 이승에서의 만남을 두고 마치 목숨이 걸린 싸움을 해대듯 날마다 진검眞劍을 휘두르는 우리네 사는 방식이 탄생의 본질과는 많이 어긋나 있는 것 같다.

정신세계를 공부하는 사람들을 만나보면 재미있고 깨닫는 것도 적지 않다. 그들은 말한다. 사람이 태어나 일생을 보내는 것은 결코 우연이 아니며 그 속에는 그럴만한 이유도, 필연성도, 사명까지도 있다는 것이다. '너는 이번 생에서 이러이러하게 사는 공부를 하라'면서, 그가 살아내어야 할 중요한 내용들을 사전에 죄다 계획하여 세상으로 보낸다는 것이다. 그래서 그의 삶이 때로는 즐겁고 더러는 못 견딜 만큼 고통이 따르더라도 지극정성으로 살아야 하며, 제가 겪게 되는 온갖 체험을 통해 마음 깊은 곳으로부터 진정한 깨달음을 얻어야 한단다. 이런 절실한 깨달음이 자꾸 쌓이면 비로소 반복되는 윤회를 벗어나서 의식을 가진 영혼으로 천상天上에서 영구히 살 수 있다는 것이다. 하여 사람들은 조금이라도 빨리 윤회의 고리를 끊으려고 많은 공부와 고된 수련을 하고 있으며, 이런 결과에 이르게 되는 경지를 종교적으로는 피안이나 해탈 등으로 표현하고 있다고 주장한다.

물론 내가 이런 얘기를 늘어놓는다고 하여 전생을 믿고 열심히 공부하는 사람 축에 든다는 뜻은 아니다. 그러나 드러내놓고 말하지 않을 뿐 아직도 풀지 못하고 있는 과거의 삶에 대한 궁금증은 있다. 흔한 일은 아니지만, 내가 아주 낯선 곳을 갔었는데 전에 꼭 한번 와 본 듯한 느낌이 강하게 들고, 어디에 무엇이 있을 것이라 예측하고 가 보면 정확하게 맞는다든지, 생전 처음 만나는 사람인데도 오랫동안 잘 알고 지냈던 사람 같이 친숙한 느낌을 줄 때 나는 혼란을 맛본다. 또 어떤 일을 하는 데 내가 이전에 많이 해 본 일처럼 아주 능숙하게 해낼 수도 있고, 여럿이 모여 똑같이 새로운 일을 배우는데 놀라울 만큼 특별한 능력을 발휘하는 사람을 보게 된다. 나는 이런 경우를 두고 '전생이 존재해야 가능한 일이 아닐까' 하는 긍정적인 생각을 가지고 있음을 고백하지 않을 수 없다.

하지만 내가 '하늘나라에서의 영원한 삶'을 현실 생활의 최고 목표로 삼고 있는 것은 아니다. 다만 살면서 부딪치는 모든 것을 내 것으로 받아들여 철저하게 교훈으로 삼아야 할 것이라는 데에 동의하고 있을 뿐이다. 또 매순간을 살며 만들어 내고 있는 수많은 행위들이 빠짐없이 내 개인적인 역사로 기록되어 오래도록 나와 함께 할 것이라는 사실도 믿는다. 그래서 용서받기 힘든 잘못을 저지르고도 회개만 하면 구원받는다든지, 작은 열 번의 악행도 그럴싸한 한 번의 선행으로 덮어버릴 수 있다는 설교는 타당하지 않다는 판단을 가지고 있다. 누구에게나 우연처럼 닥치는 아주 작은 일들도 엄밀히 따져보면 그저 우연으로 온 것이 하나도 없다 하지 않던가?

나는 요즈음에 와서 '만일 내가 죽어 다시 태어난다면, 인적이 드문 호젓한 산길 모퉁이에서 해바라기를 하고 서 있는 한 송이 야생화 같은 몸으로 올 수는 없을까' 하는 생각에 깊이 잠겨보기도 한다. 왜냐하면 돌고 도는 긴 윤회의 길에서 갈수록 가벼운 몸을 얻어 잡다한 일에 묶이지 않고 살게 된다면, 어느 날인가는 삶과 죽음의 경계마저 희미해지는 단계에 이를 수 있을 것이라는 바람을 포기할 수 없기 때문이다.

2

아름다운 사람들

그렇게 살았던 세월이
나에게 가져다 준 결과라는 것도
별것 아닌,
미약한 바람에도
떨어져 내리는 낙엽처럼
허무한 것이라는
생각을 미처 하지도 못한 채 바쁘게 달려왔다.
좀 더 참고 좀 더 열심히 일하면
나이가 들어
무작정 편안하고 행복해질 줄 알았던 게 어리석었다.
보다 큰 것을 위해
나날의 작은 것은 가차없이
뒤로 미루어 버려야 한다는
주장을 따른 것도 옳지 않은 일이었다.
원래 시작부터 위대함이란 없는 법,
단지 작고 사소한 일들만 눈앞에 있을 뿐인 것을.
거창한 일만 추구한다고 행복해지는 것도
작은 일에 매달린다고 불행한 것도 아니지 않았던가.

—「아름다운 사람들」 가운데서

빈 가지에 봄이 오듯이

입춘이 지났건만 겨울은 막무가내로 산길 위에 버티고 서 있다. 바람은 매섭고 기온마저 뚝 떨어져 살갗 속으로 파고드는 혹독한 추위에 몸은 더욱 움츠러들었다. 그러나 갓바위로 오르는 가파른 산길은 간절한 소원을 가슴에 안은 많은 사람들의 열기로 해서 시간이 흐를수록 추위를 견디기가 수월해져 갔다. 거친 숨을 몰아쉬며 정상으로 가는 계단을 하나씩 올랐지만, 나중에는 너무 힘들어 나를 앞질러 가는 사람들의 신발 뒤축만 헤아리며 간신히 걸었다.

시간이 얼마나 지났을까? 드디어 갓바위에 도착했다. 사방을 둘러보니 제법 넓게 다듬어진 마당에는 차가운 날씨도 아랑곳하지 않고 벌써 여러 사람들이 절을 하고 있었다. 각자의 가슴속에 어떤 소망이 감춰져 있길래 저리도 진지할까, 눈을 감고 기원하는 모습이 너무 절실하다 못해 안쓰럽기까지 하다. 남편의 성공을 빌며 삼천 배를 하는지 이마에 땀이 배어 나온 아낙이 있는가 하면, 아내의 병을 고쳐 달라고 애원하는 듯 연신 절을 하면서 쉬지 않고 중얼거리는 건장한 사내도 있었다. 아이가 대학에 몇 번씩 낙방을 했는지 눈물로 호소하는 어머니 옆에는 자식의 무운 장구를 비는 듯한 비장한 모습의 또 다른 어머니도, 도통道通의 경지를 맞으려는지 주위는 아랑곳하지 않고 가부좌를 틀고 그림처럼 앉아 있는 이상한 차림의 사람까지 끼어 열기를 더했다.

분위기가 자못 엄숙하고 무겁기까지 한 기도의 모습들을 보며, 어쩌면 오늘 이 자리에서는 내 소원을 제일 먼저 들어 줄 것만 같은 느낌이 들었다. 하기야 내 가슴속에도 간절한 소원이 왜 없을까만, 지금 내가 빌고자 하는 것은 딱 한 가지뿐이다. 더욱이 이 소원이 나에게는 심각하기 그지없을지라도, 다른 사람들로부터 순서를 양보 받아도 별 문제가 없을 것 같은 일이라 오히려 마음이 가벼웠다.

딸아이가 시집간 지 어언 7년, 벌써 아이가 한 둘은 생겼을 세월이 지나갔건만 아직 아무 소식이 없다. 저희 둘 가운데 어느 한 쪽도 의학적으로는 결격사유가 없는 듯한데 아이가 생기지 않는 것이다. 아내의 속이야 이미 시커멓게 타버린 지 오래고, 이제 내 속도 거덜나기는 마찬가지다. 다행히 사위도 그렇게 안달하는 것 같지 않고, 딸은 한 술 더 떠서 '애가 없으면 어때요. 잘 살면 되지요' 하면서 되려 큰소리를 치지만, 저들 속인들 온전할 리가 있겠는가. 우리 내외는 사돈 보기가 민망하여 일부러 피하고 있지만, 집안사람들의 성화는 사뭇 숨통을 조이고 있다. '아이들에게 맡겨두지 말고, 어른들이 나서서 적극적으로 해결을 해야 한다'는 것이다.

딸아이를 붙들고 내 나름대로 하소연도 해 보고 통사정도 했다. 또

사위를 몰래 불러내어 타이르거나 심지어 협박까지 해 보았지만 그게 뜻대로 되는 일이 아니었다. 병원에 가서 인공수정을 시도하도록 권유도 했으나 애타는 것은 아비의 마음뿐, 왜 세상이 아이 문제에 대해서는 이렇게 관대하게 되어버렸는지 탄식만 흘러나온다. 아내는 용하다는 사람을 찾아 물어도 보고, 심지어는 미신이라 할 수밖에 없는 방법까지도 동원해 본 것 같지만 아무 소용이 없었다. 참다 못한 내가 오늘 딸아이의 잉태를 기원할 작정으로 아무도 모르게 혼자 산에 오른 것이다. 갓바위 부처님께 간절히 원하면 누구에게나 한 가지 소원은 들어준다 했으니, 기원이 아니라 통사정을 해 볼 심산이었다. 내 소원만 들어준다면 어떤 일이라도 마다하지 않을 것이라는 약속이라도 드릴 각오로 찾아온 것이다.

나는 부처님께 절을 드리기에 안성맞춤이다 싶은 자리를 차지하고 막 절을 시작하려는 순간, 옅은 운무가 동그란 모양으로 부처님의 발아래 제법 넓게 깔려 있는 것이 보였다. 어! 내가 잘못 보았나, 눈부신 햇살의 조화인가? 하지만 그 기운은 산꼭대기에 이는 바람에도 꿈쩍하지 않고 점점 그 범위를 넓혀가며 무게를 더해 가는 것 같았다. 나는 가슴이 답답해져 오는 것을 느끼면서 가만히 일어섰다. 많은 소원들이 경쟁이나 하듯 서로 먼저 오르려다가 되려 엉켜 붙고 만 것일까? 다른 사람은 몰라도 나만은 구원을 받아야 한다는 이기심이 보태지고 보태져서, 드디어 갓바위보다 더 크고 무거운 소원 덩어리로 변해 갈 기세다. 하지만 뉘라서 이 단단한 염원의 덩어리를 올올이 풀어헤쳐 저마다의 소원들이 이루어지도록 할 수 있단 말인가.

산을 오르는 동안 내 가슴에는 간곡하게 빌어야겠다는 생각으로 가득 차 있었건만, 좀처럼 기도할 마음이 열리지 않는다. 아마 수많은 사람들이 토해 놓은 소원들 위에 내 것을 따로 내려놓을 자리를 끝내 찾지 못했기 때문이리라. 나도 모르게 눈물이 핑 돌아 얼른 고개를 들어 부처님을 바라보았다. 묵묵히 굽어보고 있는 그 눈길은 여기 애타는 기도 소리에는 아랑곳하지 않고, 중생들이 힘들게 살고 있는 저 멀리로 가 있었다. 참 그렇구나. 이 잘못 엉킨 실타래 같이 되어버린 소원들을 푸는 길은 딱 한 가지, 이곳에 뭉쳐 있는 소원들 중에서 각자가 제 것을 찾아 도로 가져가는 방법뿐일 것 같구나.

나는 엉거주춤 서 있다가 제대로 절도 드리지 못하고 뒤로 물러나 힘들여 올라온 산 아래를 한참이나 굽어보고 있었다. 멀리 깊은 계곡으로부터는 찬바람이 끊임없이 윙윙거리며 솟아올라 겨울로 되돌아가는 것 같았다. 그러나 놀라운 일이다. 문득 칼끝 같은 바람 속에서도 봄의 입김이 가늘게 묻어오고 있는 것을 깨닫게 되었으니. 다시 산을 내려다본다. 언제 돋았는가? 연한 분홍빛 같은 봄 색깔이 온 산천에 은은하게 번지고 있었다. 생명의 흔적이라고는 털끝만치도 없어 보이던 마른 나뭇가지를 물 기운이 조심스레 흔들고 섰을 줄이야.

모진 겨울의 한가운데서 미동도 하지 않을 것 같던 산꼭대기에도 이렇게 봄은 오고 있었다. 빈 가지에서 연분홍 꿈으로 봄이 피어나듯이 내 소원도 그렇게 이루어졌으면 얼마나 좋을까. 딸아이의 잉태를 위한 내 간절한 소망을 하나의 씨앗으로 삼아 나는 나의 봄을 언제까지나 기다릴 게다.

조용히 눈을 감고

저녁 시간, 아파트 주차장에 차를 세우고 돌아 나오는데 휙 하고 강한 바람이 등짝을 후려치듯 몸을 밀쳐버린다. 시멘트 바닥으로 사정없이 넘어지는 그 짧은 순간에도 '아이고 죽었구나' 하는 생각이 들었다. 그런데도 얼굴과 양손에 약간의 찰과상만 입었으니 천만 다행이었다. 누가 도와도 크게 돕지 않고서야 그 정도에서 끝날 일이 아니었다. 도대체 내 몸을 밀친 힘은 어디로부터 왔을까?

흐르는 피를 닦고 대강의 응급처치를 했지만, 좀처럼 의문이 풀리지 않아 손전등을 들고 다시 내려갔다. 내가 쓰러졌던 곳을 찬찬히 살펴볼 작정이었다. 그런데 요며칠 사이에 무슨 일들이 생겼는지 멀쩡하던 시멘트 포장한 곳이 움푹하게 패여 있는 게 아닌가. 매일같이 주차하던 곳이라 무심했던 게 탈이었고, 익숙하다고 발밑을 살피지 않은 게 불찰이었다. 결국 주차장은 평평하다는 고정관념이 나를 이 지경으로 만들었다고 생각할 수밖에.

이처럼 한 개인이 가진 선입견은 사소한 일에서도 예상 밖의 나쁜 결과를 초래할 수가 있다. 만일 어떤 사람이 극히 상식적인 세상사에 대하여 엉뚱한 고정관념을 가지고 있고, 그가 어느 정도의 힘을 행사할 수 있는 자리에 있다면 문제를 일으키기가 쉽다. 요즈음 세상이 견디기 힘들 만큼 시끄러운 것도 따져보면 제가 가진 잘못된 고정관념을 객관적으로 검증도 해 보지 않은 채 적용시키려고 밀어붙이기 때문일 것이다. 개혁이라 이름 붙여진 일들이 잘못되어 개악으로 가는 경우를 지금도 경험하고 있지 않은가?

인도 철학에서 '지혜는 제 스스로를 아는 일에서 출발하고, 아는 것은 보는 것에서 시작한다'고 했다지만, 세상일을 바로 보고 바로 아는 일이 좀처럼 쉽지 않다. 아주 단순해 보이는 어떤 일도 그 속에 들어가 보면 복잡하기 그지없고, 도저히 풀 수 없을 것 같이 얽힌 일도 간단한 원칙을 적용하면 쉽게 해결할 수 있다. 또 신중을 기해야 한다고 지나치게 자기 주변만 바라보면 세상일을 따라 갈 수가 없고, 어디 좋은 일 없나 하고 바깥세상으로만 눈을 돌리면 제가 설 자리를 잃어버리기 십상인 것이 인생살이다.

나는 산사山寺에 들를 때면 부처님께 삼배를 드리고 나서 님의 얼굴을 한참 동안 올려다보는 버릇이 있다. 자세히 보면 알겠지만, 어느 절에서 만난 부처님이던 간에 하나같이 반안半眼이시다. 감으셨구나 하고 다시 보면 뜨고 계시고, 뜨고 계신 것이라 믿으려 하면 반쯤은 감은 눈이다. 이렇게 감은 듯 뜨고 있는 눈매는 '내면의 세계와 외부 세계를 잘 조화시켜 세상일을 균형 있게 바라보라'는 뜻이 담겨 있을 것으로 생각하고 있다.

그러나 이런 마음도 잠시뿐, 산을 내려와 막상 현실에 부딪히면 평소의 굳어진 생각 때문에 그만 내 스스로가 묶이고 만다. 반쯤은 밖을 바라보고 나머지 반은 내 안을 살펴보자고 수없이 다짐해 보지만, 늘 남의 결점이 먼저 눈에 뜨이고 잘못 가는 세상일에 욕지거리가 앞선다. 아직도 남의 얘기가 재미있고 남의 험담에 신명을 낸다. 더구나 과거에 나와 좋지 않은 일로 인연을 맺은 사람에 대해서는 사실대로 보지 않고 다른 꿍꿍이가 있을 것이라고 지레짐작하면서 상대하게 된다.

하기야 하루에도 오만가지 생각을 하며 살아가야 하는 기막힌 세상이 현대사회다. 입으로 쏟아내는 말과는 달리 마음속으로는 전혀 엉뚱한 생각을 하고, 칼을 품속에 숨겨 놓고도 얼굴에는 미소를 짓는 사람이 부지기수인 세상이다. 그래서 사는 일이 복잡하고 어려워질수록 사물을 보다 단순하고 쉽게 볼 수 있는 지혜가 필요하고, 이 지혜의 핵심이 바로 '고정관념에서 벗어나는 길'이라고 지적한다. 그렇지만 제 마음속에 자리잡고 있는 선입견을 완전히 무시해버리고 담담하게 사물을 바라본다는 것이 과연 가능한 일이겠는가? 또한 본다는 것 자체만 해도 그 절반 이상이 의식에 의한 조작의 결과를 보게 되는 것이고, 그 의식마저도 고정관념의 조종을 받는다니 말로는 쉬울지 몰라도 실천하기는 매우 어려울 것으로 보인다.

물 위에 떠서 생활하는 곤충의 눈은 정상적으로 사물을 보는 기능과 물 아래를 정확하게 측정하는 능력을 동시에 가지고 있다고 한다. 보통의 눈으로 물속을 보면 실제의 거리나 크기와는 많은 차이가 나기 때문에 먹이 사냥과 생명 보호를 위해 자연히 그렇게 진화되었다는 것이다. 이런 곤충과는 비교할 수 없을 만치 복잡한 삶을 살아야 하는 인간은 어찌하여 그것들보다도 눈의 진화가 뒤졌을까. 아마도 인간은 그것들이 지니지 못한 마음의 눈을 가지고 있기 때문일 것이다.

대체로 마음의 눈을 밝히면 환상을 실제인 것처럼 착각하게 만드는 육신의 눈을 상당 부분 보완할 수가 있고, 고정관념의 오류에서 벗어날 가능성도 늘어난다고 한다. 그런데도 사람들은 이 비장의 무기인 마음의 눈을 닦는 데는 게을리 하면서도 겉으로 보이는 육체의 눈을 더 예쁘게 만들려고 안달한다. 많은 이들이 제 눈 모양을 의술에 의존하여서라도 크고 예쁘게 만들려고 애쓰는 것을 보면 뻔한 일이다. 눈이 커지면 마음도 따라서 커질까? 설령 크고 예쁜 눈을 가졌다 한들 인생을 깊이 바라보지 않으면 무슨 소용이 있으리오. 나 역시 마음의 눈을 갈고 닦은 시간보다는 겉모습을 꾸미기 위해 거울을 들여다본 시간이 훨씬 길었던 지난날을 돌아보면 달리 할 말도 없지만.

눈에 장애를 가진 사람들 대부분이 마음을 모아 손끝 같은 다른 감각기관을 통하여 사물을 있는 그대로 보다 단순하게 느낄 수 있다고 한다. 멀쩡한 눈을 가지고도 제대로 보지 못하는 나로서는 부끄러운 일이다. 또 수양을 많이 쌓은 사람은 명상 속에서 사물을 꿰뚫어 보기도 한다지만, 눈을 부릅뜨고 사방을 두리번거린다고 해서 세상 이치가 더 잘 보이는 것도 아니리라. 그러고 보니 나는 여태껏 내 마음의 창에 '욕망'이나 '이기심'이라는 시꺼먼 물감을 잔뜩 발라놓고 그것을 통해 세상을 보아 온 것 같다. 걸맞지 않은 선입견으로 세상일을 판단한다고 설치기보다는 조용히 눈을 감고 한 자락의 호흡을 따라가 볼 일이다.

감나무의 향연

쌀쌀하고 우중충한 날씨가 머지않아 닥쳐올 겨울을 예고하고 있었다. 내 앞쪽으로 서너 칸의 좌석은 50대 중반으로 보이는 아주머니들이 모두 차지해 버렸다. 오고 가는 말투로 보아 그들은 초등학교 동창생들인 것 같았다. 부담 없는 여행길인지 분위기는 화기애애했고 목소리마저 들떠 있었다. 기차가 추풍령을 지나 황간역 부근에 이르렀을 때이다. 갑자기 한 아주머니의 외치는 소리가 들렸다. "감꽃 봐라, 저 감꽃 좀 봐라." "어디, 어디." "아, 정말 곱구나."

이런 계절에 감꽃이 필 리가 없지 않은가. 순간 나도 고개를 들어 두리번거렸다. 정말 그곳에는 감꽃이 활짝 피어 있었다. 황간역을 중심으로 길가에도, 밭둑에도, 농가의 마당에도 감나무 그루마다 붉은 꽃이 만발했다. 회색하늘을 배경으로 동글동글한 꽃이 눈이 부실 지경이었다. 대형 크리스마스트리에 수없이 매달린 작은 전등이 환하게 빛을 내고 있다고 할까. 그러나 그것은 실제의 꽃이 아니라 감이 만든 장관이었다. 잎이 다 지기엔 아직 때가 이른 것 같은데, 나무에는 감들만 오롯이 남아 마치 봄꽃이 활짝 핀 것처럼 보였던 것이다. 그 눈부신 꽃무리에 잎이 하나도 없다니, 잎이 제 먼저 알고 미련 없이 떠나 주었단 말인가?

한 해의 마지막 잔치를 감나무는 그렇게 마련하고 있었다. 보는 이로 하여금 진정 아름다움을 느껴 감탄사를 자아내게 하였으니, 돈으로 치장하는 사람들의 잔치보다야 한결 귀하다는 느낌이 들었다. 그렇게 많은 사람들이 무심코 지나쳐버린 황간역 주변의 감나무들이 오늘 이 아주머니들을 통해 비길 데 없이 아름다운 꽃나무로 살아 나온 것을 보면, 자연의 아름다움이란 끝이 없어서 사람에 따라 얼마든지 다르게 보일 수 있나 보다.

내가 어릴 적, 시골에서는 집집마다 두세 그루의 감나무가 있었다. 유별나게 감을 좋아했던 나에게 그것들은 재미있는 놀이터요 소중한 식탁이었다. 온 세상이 초록으로 물들어 가던 5월에 감나무 새순은 유난히 빛나서 햇빛이라도 닿으면 보석처럼 빤짝거려서 차라리 눈을 감아야 했었다. 그랬던 잎이 가을이 오면 형형색색의 고운 옷으로 제 몸을 치장했으니 어린 나에게는 불가사의한 조화였을 수밖에. 모진 바람이라도 몰아치면 밤톨만하게 달렸던 풋감 떨어지는 소리가 어찌 그리도 크게 울리던지, 놀라서 잠에서 깨어나던 밤이 아스라이 떠오른다. 겨울이 되면 언제나 감나무 맨 꼭대기에는 홍시 몇 개가 남아서 나를 유혹했지만 한 번도 입에 넣어 본 기억은 없다. 까치밥이라 불렀던 그 감들은 칼날같이 추운 바람 속에서도 고독을 견디며 닥쳐올 제 운명을 의연하게 기다리고 있었다.

그런 감나무가 화려한 제 열매를 아낌없이 보여줌으로써 1년을 마감하고 있는 것이다. 나 또한 얼마 남지 않은 한 해를 생각한다. 내가 살아온 삶의 결과가 저들만큼의 결실도 못 얻었던 것 같다. 그런데도 나는 무엇을 쫓고 무엇을 바라면서 이처럼 숨가쁘게 뛰어왔단 말인가?

한 그루의 감나무도 성장의 마디마디에서 저토록 아름다움을 보여주건만, 나는 삶의 고비를 맞을 때마다 어떻게 행동했었던가. 또 때가 되면 미련 없이 자리를 내어주어 뒤에 올 열매를 한층 더 빛나게 해주는 감나무 잎을 생각해 본다. 과연 나도 적당한 때가 오면 삶에 얽힌 유혹의 가지로부터 망설임 없이 떠나 대지로 돌아갈 수 있을까. 갈 길이 바쁘다고 뒤에 오는 사람에게 길을 내주기는커녕, 앞에 있는 사람마저 밀쳐내었던 지난날의 나를 돌아보면 그게 결코 쉬운 일이 아닐 것이다. 그러나 신이 인간을 만들어내며 자연도 함께 창조한 것은 '자연을 삶의 본보기로 삼으라'는 뜻이 숨겨져 있다는데.

문득 내가 앞으로 몇 번이나 저리도 화사한 감나무의 향연을 볼 수 있을까 하는 허무한 생각이 든다. 차창에 비친 내 모습에서 부쩍 흰 머리카락이 늘어났다는 사실을 실감하고 눈을 감는다. 사람은 뒤끝이 깨끗하고 아름다워야 축복을 받는다는데, 긴 세월 동안 공연히 사업을 한답시고 남에게 못할 짓을 해 가며 사는 것 같아 착잡한 심경에 빠져든다. 도대체 내 삶의 끝자락에 가면 나는 어떤 모양으로 남의 눈에 비쳐질까? 또한 나는 내 삶을 어떻게 받아들이게 되려나.

고백

아직도 나는 원고지 앞에 앉으면 막막함을 느낀다. 미리 글의 줄거리를 잡아 두었어도 막상 붓을 들면 몇 줄 나가지 못하고 쩔쩔매기도 하고, 글을 완성한 후 마음에 차지 않아서 그것을 구겨버릴 때의 심정은 착잡하기만 하다. '왜 이렇게 사서 고생을 해, 그만두어 버리자'고 몇 번씩 다짐해 보지만 돌아서면 또 원고지와 씨름을 하고 있으니, 글 쓰는 일이 이미 내 생활의 일부로 단단히 굳어진 것 같다.

수필과는 거리가 먼 직업을 택한 내가 '수필가의 길'을 간다는 것이 결코 쉽지 않았다. 내가 문인이라고 해서 하던 사업이 더 잘 된 것도 아니요, 나와 거래하는 사람들이 별도로 인정해 주는 일도 없었다. 더욱이 장사하듯 문학을 할 수도, 문학을 하듯 장사를 할 수도 없었으니 마치 두 개의 얼굴을 가진 사람처럼 어색해 했던 적이 한두 번이 아니다. 동료들로부터는 저 사람이 글을 쓴다고 악착같이 매달려 있으니 '일을 소홀히 할 것이 아닌가' 하는 의심의 눈초리도 받았고, 가족들은 짬이 나면 책상머리에 붙어 있는 내가 가장으로서 문제가 있다는 판단을 하고 있는 눈치다. 이렇게 매일을 함께 보내야 하는 가까운 사람들마저도 내편으로 확보하지 못한 처지고 보면, 수필가라는 호칭을 앞세우고 우쭐해 할 형편도 아닌 것 같다.

이런 심정의 나에게 '미래 사회에서는 수필이 문학의 중심에 서게 될 것이니 열심히 해 보라'고 위로하는 사람들도 더러 있지만, 지금 형편으로 보면 꼭 그렇지도 않은 것 같다. 물론 다가올 미래의 환경이 수필문학에 유리한 방향으로 전개될 수밖에 없을 것이라는 사실을 나도 믿고 있지만, 이런저런 문인들의 모임에 참석해 보면 문학 장르 중에서 수필이 제일 말석에 자리잡고 있다는 느낌을 지울 수가 없다. 하지만 나는 수필 쓰는 일을 마지막 남은 내 자존심을 지키듯 굳게 지켜갈 작정이다.

유감스럽게도 우리 사회는 어떤 분야에서 제법 성공을 거두어 인기를 얻었다 하면 쉽게 책을 발간하게 만드는 풍조가 있다. 그래서 정치인이나 사업가, 연예인이나 스포츠맨, 나아가서는 독특한 영역의 직업인들까지도 글을 쓰게 부추겨, 한 사람의 성공기록은 물론이려니와 특수 분야의 기술이나 일화까지도 수필로 둔갑시켜 버린다. 이처럼 사실의 기록에 지나지 않는 자전적 글이나 흥미 위주로 쓰인 잡문들도 수필의 가면을 쓰고 설쳐대는 판국이니 올바른 수필은 설자리가 더욱 좁아진다.

그러나 수필이 문학으로서 높이 평가받지 못하고 있는 가장 중요한 원인은 수필가 자신에게 있다는 것이 솔직한 나의 생각이고, 그런 결과에 대해서 무관할 수 없으니 딱한 일이다. 해마다 수필가는 놀랄만한 숫자로 증가하고 그들이 발표하는 작품 수는 더욱 많아져 수필의 홍수 속에 살고 있다는 느낌이 들기도 한다. 그렇지만, 정작 문학성이 높은 작품은 오히려 줄어들었다는 비판이 있는 것을 보면 깊이 생각해야 할 문제가 아닐 수 없다.

수필은 제가 살아온 진실한 경험과 사물에 대한 심오한 사색이나 올바른 인생관을 바탕으로 빚어내야 마땅한데도, 나는 너무 쉽게 많은 작품을 쓰고 발표해 버린 것 같다. 또 한편의 작품을 세상에 내보내기 위해 혼신의 힘을 쏟아 다듬기를 계속해야 하지만 그렇게 하지 못하고 늘 적당한 선에서 타협해 버린 잘못을 고백하지 않을 수 없다. 사실 이런 타협은 내 수필을 치열하게 조탁했다기보다는 발표 후의 반응이나 독자들의 비위를 맞추는 일에 더 신경을 썼기 때문일 것이다.

그동안 몇 권의 수필집을 내면서도 책의 분량을 채우려고 여기저기에 발표했던 원고를 억지로 꿰어 맞추었던 일이나, 원고료도 주지 않는 잡지에 이름을 올리기에 급급했던 일들이 적지 않은 후회로 남아 있다. 그뿐 아니다. 글의 소재를 보다 쉽게 찾아내느라 욕심을 부린 탓으로 사람들의 입에 자주 오르내리는 최신 뉴스며 내가 종사하는 산업계 주변의 얘기를 글감으로 삼았다. 그래서 소재의 진실을 파고드는 노력보다는 비판적인 견해가 앞섰고, 모두들 알고 있는 얘기를 내 것으로 만들려다 보니 자기 주장이 강한 수필이 쓰여 문학성에 있어서는 많이 뒤쳐지는 글이 되고 말았다.

문학이란 삶을 규정하기 위해 존재하는 것이 아니지 않는가? '이렇게 사는 것은 틀렸고, 저렇게 사는 것이 옳다'라는 윤리적 잣대로 내세우기 위한 것은 더더욱 아닐 것이다. 되돌아보면 이 세상에는 좋은 일도 아름다운 일도 많은데, 유독 잘못되어 가는 일을 글로써 꼬집으려 안간힘을 썼던 날들이 민망하게 다가온다.

보통 사람들의 일상이 그러하듯, 내 삶 또한 비슷비슷한 일들의 반복으로 채워져 있었다. 이런 생활 속에서도 삶을 보다 의미 있게 다듬어 나가려는 진지한 몸짓을 계속해야 하는 것이 문인으로서의 올바른 자세일 터인데도 이를 소홀히 한 잘못도 추가시켜야 옳을 성싶다. 또 오랜 세월을 살아서 우리들 곁에 머무는 좋은 수필들이 어떤 특정한 사건을 다루는 것보다는 평범한 일상에서 찾아낸 보석 같은 생각의 소산이 대부분이었다는 사실을 좀 더 일찍 받아들였어야 했다.

나는 문학을 전공하지도 않았고 제대로 수필을 공부하지도 못했다. 어쩌다가 수필을 쓰게 되었고, 이 같은 빈약한 기초가 늘 나를 주눅들도록 만들었다. 이런 자격지심이 나로 하여금 문학을 통해 다른 사람에게서 인정받아야겠다는 욕심을 앞세우게 만들었는지는 모르겠으나, 짧지 않은 세월을 두고 눈에 띄는 성공을 그리며 몹시도 초조하게 달려왔으나 지금 나에게 특별히 남은 게 없다. 내가 바라던 문학적 성취는 남이 인정해 주는 것에서 오는 것이 아니고 순전히 내 자신에게 달린 문제였었다. 만일 글을 쓰기 시작한 후로 내 인생의 깊이나 폭이 더욱 깊고 넓어 졌다면, 내 삶도 제법 풍성해졌을 것이고 작품의 수준도 자연히 따라 올라 오게 되었을 것이다.

어떤 분야에서나 완성을 향해 최선을 다할 때 예술로 승화될 수 있다고 했다. 있는 힘을 다하는 운동선수의 몸짓 하나가 뛰어난 예술 작품 못잖게 아름다워 보이는 것도, 진정 남을 도우며 살아가는 헌신적인 삶이 그 어떤 것보다 진한 감동을 주는 것도 이와 같은 이치이리

라. 이제라도 내가 살아오면서 너무나 당연하게 생각하고 쉽게 받아들였던 작고 소박한 아름다움을 새로운 눈으로 다시 바라보고, 그런 것들을 제대로 그려내어 독자들에게 보여주는 작업에 더욱 힘을 모아야겠다.

농사에 마음 붙이고 살면 농군이 되듯이, 수필에 마음을 떼지 않고 사는 나도 수필가임에는 틀림이 없을 것이니 희망을 버리지 말아야겠다.

사람의 향기

이 땅에서 피고 지는 수많은 꽃들이 저마다 다른 향기를 가지고 있듯이, 나와 함께 살고 있는 사람들도 자신만의 독특한 향기를 따로 지니고 있을 것이라는 생각을 한다. 그렇지만 남에게 기쁨과 이로움을 주는 좋은 향기를 풍기는 사람을 만난다는 것은 그리 쉬운 일은 아닐 터이다.

그날은 아침부터 강한 바람이 불고 눈발이 어지럽게 날리는 궂은 날씨였다. 휴일을 핑계하여, 목욕을 끝내고 게으름을 피우고 있는데 문우인 H여사로부터 전화가 걸려왔다. 그녀는 탄식 섞인 목소리로 하소연하듯 말하고 있었다. "나는 지금 동인同人들과 여수 향일암에 동백꽃을 보러 왔는데, 핏빛처럼 붉게 피어나 추위와 싸우고 있는 꽃들을 거센 눈바람이 사정없이 꺾어 버리니 길은 금세 빨간 피로 점점이 얼룩진다. 꽃구경 온 사람들은 그 안타까운 주검들을 무심히 밟고 지나가면서도, 나무에 달린 꽃만 보고 아름답다는 감탄사를 연발하고 있다. 주어진 짧은 수명마저도 제대로 누려보지도 못하고 땅바닥에 허망하게 팽개쳐진 저 생명들을 어찌하면 좋으냐!" 대략 이런 내용이었다.

감성적으로 그다지 예민하지도 못하고 자연에 대한 이해마저 평범한 나 같은 사람이 뭐라고 대답할 수 있었겠는가? 사실 내가 아는 H여사는 누구보다도 비를 좋아했다. 비 오는 날이면 하루 종일 기분이 들떠 있고, 잠결에라도 빗소리를 들으면 온몸의 세포가 생기를 얻어 환호성을 지른다고도 했다. 마음 같아서는 '알몸으로 정원에 나가 몇 시간이고 춤을 추고 싶다'고 말했던 사람이다.

작년이었다. 태풍이 동해안으로 곧 상륙한다고 야단이었다. 모두가 태풍 대비에 긴장하고 분주했던 날이었고, 나 역시 공장의 건물들이며 날아갈 위험이 있는 물건들을 단단히 묶거나 치우고 나서 점점 굵어져 가는 빗줄기를 걱정하고 있었다. 문득 이럴 때 H여사는 어떻게 하고 있을까 하는 궁금증이 발동하여 전화를 걸었다. '지금 바닷가 레스토랑에 앉아 차를 마시며 성난 바다에 쏟아지는 빗줄기를 보고 있는 중'이라는 약간은 상기된 목소리가 전파를 타고 왔었다. 나는 한동안 어리둥절했었다. 아무리 비를 좋아한다지만, 이런 날씨에 바다 끝에 앉아 비에다 생각을 두고 있을 수 있다니. 보통 사람들은 제가 좋아하는 것이 있어도 이런저런 눈치 때문에 많이 망설이기도 하건만…….

그러나 H여사가 비만 좋아하는 게 아니고 자연과 생명을 가진 모든 것에 대해 참으로 깊은 사랑을 가지고 있다는 사실을 곧 알게 되었다. 태풍이 지나간 며칠 후, 우리 일행은 어떤 모임에 참석하기 위해 낙엽지는 가을 길을 달리고 있을 때였다. 그녀가 갑자기 차창 밖을 향해 반가운 친구를 본 것처럼 두 손을 마구 흔들어 대기 시작했다. '왜 그래요?' 했더니 '떨어지는 낙엽들을 봐요. 마지막 가는 길이지만 우리를 저렇게 반기지 않아요. 외롭지 않게 손을 흔들어 줘야 해요.' 하나의 나뭇잎을 보면서도 가슴을 닫고 있으면 아무 소용이 없지만, 진정으로 마음을 열어 버리면 그것들도 알아차리고 사람을 반기게 마련이란다.

이상한 일이다. 그 말을 듣고 다시 보니 그녀는 어느새 커다란 한 개 낙엽이 되어 있었고, 길가의 나뭇잎도 소풍 가는 아이들처럼 손가락을 활짝 펴고 열심히 손짓을 하고 있는 게 아닌가. 그날 그녀와의 대화 속에서 나는 진한 인간의 냄새 같은 것을 맡게 되었다. '이것이 바로 권력이나 돈으로부터가 아니고 삶 자체에서 저절로 풍겨 나는 좋은 향기 같은 것이로구나' 하는 느낌을 강하게 받았다.

H여사의 이런 모습을 알기 전에는 내 마음속에 오해 같은 게 조금은 남아 있었다. 그녀는 여러 사람이 함께 차를 마시고 있는 중에라도 햇빛에 빤짝이는 호수의 수면 위에서 노니는 철새나 바람에 흔들리는 나뭇가지와 이름 모를 들꽃 하나에도 눈이 가면 금방 그것에 빠져 옆에 누가 있는지조차 잊어버리기 때문이다. '얘기하다 말고 뭐 해요.'라며 '툭' 치기라도 하면, 그제야 제자리로 돌아와서는 '처녀 적부터 있어 왔던 이 버릇을 좀처럼 고치지 못하고 지금까지 살고 있으니, 이 나이에 어떻게 하면 좋겠냐?'고 되물어오는 그런 사람이다.

사람이 평생을 두고 한 마음 한 생각으로 산다는 건 결코 쉽지 않은 일이다. 살다 보면 형편에 따라 마음을 바꾸기 일쑤 아닌가. 좋아하는 것이 생기면 기필코 제 것으로 만들어야 직성이 풀리는 사람들이 득실거리는 요즘 세상에서 세월처럼 물처럼 붙잡을 수도, 가지지도 못하는 것을 변치 않는 마음으로 사랑하는 삶을 살아왔다니. 아무래도 적지 않은 고단함이 따른 삶의 여정이었지 싶다. 하지만 눈앞에 아름다운 것을 보아도 탐욕스럽게 구하지 않고 유유히 즐길 줄 아는 H 여사의 마음 씀씀이가 참으로 깨끗하고 맑아 보이니 가히 잘 살아온 삶이라는 생각이 든다.

요즈음 사람들은 공부하면서도 음악을 듣고, 입으로는 말을 하는 재주를 부린다. 복잡하고 바쁜 세상, 여러 개를 한꺼번에 해야 능력 있는 사람이란다. 한 사람을 사랑하고 있는 중에도 헤어진 후에 만날 또 다른 사람을 머리에 떠올리고, 마음에 드는 꽃을 골라 품에 안는 순간 더 좋은 것이 없나 눈을 굴린다. 그러나 진실로 아름다움을 아는 사람은 한꺼번에 여러 가지를 욕심 내지 않는다고 한다. 한 가지에 몰두하게 되면 그것으로 만족하고 더 이상은 추구하지 않는다는 뜻이리라. 그 대상이 무엇이 되었건 골똘하게 몰입하고 있는 모습은 보기에 좋지 않던가? 아주 작은 것을 통해서라도 깊은 행복감을 맛보는 태도야말로, 어려운 세상을 살아가는 많은 사람들에게 지혜로운 향기를 펼쳐 보이는 행위라 할 수 있을 것이다.

그렇다면 나의 향기는 어떤 것일까? '과연 나에게도 남이 좋아 할 특별한 향기가 있기나 할까' 하고 자문해 보지만 쉽게 답을 얻을 수 없다. 마음이 맑은 사람은 그 맑음 자체로 주위를 정화시키는 힘이 있다 하기에, 나는 가끔씩 그녀와의 전화를 통해 매화 향기가 풍기는 것 같은 청아한 '사람의 향기'를 몰래 훔쳐내고 있지만, 안타깝게도 그를 닮지 못하는 내 한계에 자못 비감을 느낀다.

주인 노릇

여름 한철, 수성못에는 물새가 보이지 않는다. 무더위에 지친 사람들이 플라스틱으로 만든 백조 모형의 배를 타고, 물새들이 놀던 그 자리에서 마치 백조가 된 것처럼 발짓을 해 가며 뱃놀이를 즐기기 때문이다. 어떤 날은 한꺼번에 수십 척이 물 위에 떠서 못을 통째로 차지해 버리기도 한다. 애당초 못의 식솔이었던 잉어나 붕어, 자라 등속은 사람들의 떠드는 소리와 노젓는 파동波動에 놀라 일제히 물속으로 숨어 버리고, 대신 못을 휘저을 때마다 역한 냄새만 피어오른다.

작열하던 태양이 그 위력을 조금씩 걷어들이기 시작하는 늦은 오후가 되면, 하나 둘 사람들이 모이기 시작하여 수성못 일대는 금세 사람 천지가 되어 버린다. 조물주는 애초에 자연과 사람이 함께 어울려서 살도록 배치시켜 놓았지만, 점차 사람의 세력만 늘어나 경관이 좋다는 곳은 모두 차지하고 말았다. 기세 좋게 못을 장악한 사람들은 각양각색이다. 생김새나 입은 옷, 하는 행동들이 모두 다르다.

반바지에 런닝셔츠만 걸치고 제집 마당인 양 슬리퍼를 질질 끄는 사람에서 정장에 넥타이까지 단정히 매고 있는 사람도 있다. 벤치에 앉아 하염없이 물을 바라보고 있는가 하면, 술을 마시고 붉어진 얼굴로 알아들을 수 없는 말을 쉴 새 없이 지껄이는 자도, 라디오를 켜놓고 제가 무슨 가수나 되는 양 흘러간 옛 노래를 신명나게 따라 부르는 사람도 있다. 속보나 조깅을 하는 사람들과 자전거와 롤러스케이트를 타는 젊은이들이 좁은 길 위에서 위험하게 서로 뒤섞인다. 운동기구에 매달려 있는 실속파가 있는가 하면, 벤치 하나를 다 차지하고 길게 누운 철면피의 사나이도 있다. 솜사탕을 만드는 아저씨와 커피나 맥주를 파는 아주머니, 길흉화복을 점쳐 주는 노인이 직업은 달라도 정답게 함께 앉았다. 나무 그늘 밑에는 화투판이 몇 개씩 되고 여기저기 장기판 두드리는 소리에 지나는 사람들이 더러는 깜짝깜짝 놀라기도 하지만 정작 본인들은 돈내기에 정신이 없다.

이렇게 사람들로 벅적거리는 재래시장처럼 되어버린 수성못가에는 젖냄새 아련히 풍기던 못의 포근함이나 비 온 뒤에 맛보는 싱그러움도, 한가로이 산책하며 누리던 은근한 기쁨마저 없어져 버렸다. 제멋대로의 행동과 생각들이 흘러내려 못은 고인 웅덩이 속의 물 같은 색깔을 띠고 있을 뿐이다. 못물이 기력을 잃어 간다는 증거이다. 어디든지 사람들이 많이 모이는 곳에는 좋은 기운이 사방으로 뻗어나가야 정상이겠지만 그와는 반대 현상이 일어나고 있는 오늘의 세태이다.

오래 전 나는 고산高山열차를 타고 알프스의 융프라우를 오른 적이 있다. 몇 칸의 협궤열차에는 거의가 일본 사람들로 채워져 있었고, 그들의 웃고 떠드는 소리에 귀가 멍멍할 지경이었다. 그들의 노는 모양이 마치 협궤열차의 새 주인이 마음껏 거드름을 피우는 것 같았다. 나를 안내하고 있던 나이 지긋한 스위스인은 '날마다 점령군들이 깃발을 앞세우고 쳐들어와 우리들을 짓밟고 있는 것 같다'며 쓸쓸하게 웃었지만, 그의 눈 가장자리로 언뜻 물기가 번져 보였다. 아마도 이름난 관광지 부근에 사는 사람들의 상처받기 쉬운 자존심과 소란을 피우며 몰려온 오만한 발길아래서 서둘러 녹아내리는 만년설을 걱정하는 착잡한 심정의 표출이었으리라. 차창에 비치는 하얀 설경과 어두운 안내인의 옆모습을 보면서, 비록 어떤 사람의 행위가 결과적으로는 다른 사람에게 경제적인 도움을 주게 되었을지라도 베푸는 사람의 태도에 따라 상대방이 감사하기는커녕 오히려 깊은 상처를 입을 수도 있겠구나 하고 한동안 생각에 잠겨 있었다.

우리네 해외여행도, 일본이 처음 여행 자유화가 되고 그들이 지구촌을 좁다 하고 헤집고 다녔을 때와 흡사하다. 더구나 우리보다 생활수준이 뒤떨어지는 동남아 등지를, 그 알량한 달러와 관광회사 깃발을 자랑하듯 앞세우고, 마치 제가 주인인 양 우쭐대며 돌아다니고 있는 모습은 더욱 그러하다. 지금 우리들이 자연을 대하는 태도도 이와 다를 게 하나도 없다. 오늘 본 수성못에서도 사람들은 어김없이 못의 주인 행세를 했고, 나 또한 그 무리 속의 하나였다. 못은 그저 놀기 위한 공간이요 배경일 뿐, 모두가 각자의 기분에 빠져서 하고 싶은 대로 노닐다가 멋대로 떠나갔다. 마치 다시는 돌아오지 않을 사람들처럼.

이렇게 보통 사람들은 자연의 주인 노릇을 하고 있고, 권력자나 부자는 보통 사람들을 하인처럼 부리려 한다. 또 큰 나라의 권력자나 더 큰 부자들은 이들의 맨 꼭대기에 앉아 무엇이든 제 마음대로 하려드는 세상이다. 과거에는 남의 눈치도 살피고 체면도 차리더니만 이제 와서는 모두가 제 마음대로다. 잠재의식 속에 숨어 있던 과도한 성취욕이 남을 의식하지 않는 잘못된 지배욕구로 나타나도, 이것을 제어하기는 커녕 도리어 성공이라고 부추기는 사회 분위기까지 있으니 안타까울 뿐이다. 본래 있어야 할 자리인, 제 자신의 주인 자리는 옳게 지키지도 못하면서 얼토당토않은 남의 주인 자리 탐하기에 혈안이 되어 있으니 세상 살기가 자꾸 힘들고 불안한 것이다.

한번쯤 생각해 보자. 옳은 주인 행세하기가 얼마나 어려운가를. 설령 내가 주인인 사업장에서라도 고용인들을 함부로 부리거나 목에 힘을 주고 거들먹거리면 뒤에서 욕하고 손가락질 해대기 일쑤인데, 주인 아닌 사람이 재물이든 자리든 억지로 빼앗아 주인 행세를 한다면 오죽 미움을 사게 되겠는가? 그런데도 기회만 있으면 제 실력이나 자질은 뒷전으로 미루어 두고, 자리 차지하기에 혈안이 된 사람들의 얘기가 매일 같이 신문을 장식하고 있다. 그러나 이런 원망들은 하늘 어딘가에 쌓이고 쌓여 있다가 언젠가는 똑같은 무게로 제 자신에게 되돌아오기 마련이다. 지난 시절에, 이른바 잘 나가던 사람들의 노후가 보통 사람들에 비해 더욱 쓸쓸하고 고독한 경우가 많다는 사실이 이를 증명하지 않는가.

사람이 어떤 경우에 제일 행복할까? 나는 제 마음이 거리낌없는 자유의 상태에 있을 때라고 대답하고 싶다. 이런저런 일에 얽매이지 않고 진정으로 자유스러울 때, 행복은 누구에게라도 저절로 찾아오게 마련일 것이다. 그러므로 사람 한평생 사는 동안에 그 어떤 일이 되었건

주인 행세를 적게 하면 할수록 그의 노후가 정비례하여 편안해지리라는 것은 틀림이 없을 것 같다.

바라건대, 이제 나에게는 큰일이나 작은 일에서나 더 이상 주인 되는 일이 일어나지 말았으면 좋겠다. 뿐만 아니다. 그동안 내 삶에 대한 주인 노릇마저 제대로 하지 못한 이력을 감안하면, 할 수만 있다면 그 자리마저 절대자에게 내놓고 싶은 것이 요즈음의 내 심정이다.

들리는 소리만으로

인생이란 어느 나이에도 다 살만한 것이라 했다는데, 요즈음 나는 무슨 재미로 살고 있는지 궁금할 때가 있다.

오늘 퇴근길에 이어폰 하나를 샀다. 기왕 사는 김에 제법 성능이 우수하고 고급스러워 보이는 것으로 골랐다. 그러나 기분은 별로 좋지가 않다. 왜냐하면 이것으로 내가 좋아하는 음악을 듣는다거나 누구에게 선물이라도 줄 것이라면 다행일 텐데, 오로지 소음 방지용으로 쓸 것이기 때문이다.

언제부터인지 몰라도 나에게는 점차 초저녁잠이 많아지고 아침잠은 줄기 시작했다. 낮에 웬만큼 몸을 혹사했거나 늦게 잠자리에 든 날도 새벽 다섯 시쯤이면 어김없이 깨게 된다. 그 시간에 책을 보려 해도 눈이 따갑고, 다시 잠을 청하자니 쉽지 않을 것 같아서 얼마 동안은 TV를 켜고 채널을 이리저리 돌려본다. 가족들이 모두 잠든 시간이라 내 딴은 볼륨을 바짝 낮추어 듣고 있는데도 '시끄러워 못 자겠다'는 것이다. 우긴들 무슨 소용이 있으랴. 궁리 끝에 내가 다소 불편하더라도 이어폰을 사용하기로 마음먹은 것이다.

그러자 아내는 한 술 더 떠서 내 전화 목소리가 문제라는 것이다. '원래부터 내 말소리가 좀 큰 것은 사실이지만 새삼 무슨 트집이냐'고 말하자, 내 말소리가 자꾸 커져서 이제는 옆 사람에게까지 통화 내용이 똑똑히 들릴 정도니 이만저만한 낭패가 아니란다. 참으로 난감한 일이다. 상대방의 말이 잘 들리지 않으니까 나도 모르게 목소리를 키워 간 것이지, 나 혼자 무슨 팔자 고칠 일이 생겼다고 무작정 큰 소리로 통화하려 했을까.

내가 들어내 놓고 고백하지 않았을 뿐이지 어느새 내 귀는 작은 소리만이 아니고 빠른 말소리에도 많이 약해졌다. 아이들의 속도 있는 언어 구사에도 멍해 있고, 젊은 랩 가수들의 노랫말은 흡사 낯선 외국어를 듣는 것 같다. 더구나 주위가 시끄러운 곳에서의 대화는 나를 곤혹스럽게 한다. 상대방은 내게 열심히 얘기를 하고 있지만 대충 알아듣고 반응하는 형편에 놓였다. 그러다 보니 귓속말로 소곤거리는 것도 서툴고, 낮고 부드럽게 얘기할 경우에는 무척 애를 먹어야 한다. 또 나를 돌려세워놓고 저희들끼리 수군거릴 때는 설령 그것이 좋은 얘기라 할지라도, 나를 흉보거나 욕하는 것처럼 느껴져 뒤가 개운하지 못하다.

이런 일들이 결국은 노화 현상 때문일 것이라고 생각하니, 나이에서 오는 외로움이 새삼 스산하게 일어나 온몸을 감싸고돈다. 더욱이 평소에는 내가 늙어간다고 실감하지 못하고 살다가 어느 날 바로 코앞에서 이런 일을 겪게 되니 쉽게 받아들여지지 않는다. 세상은 바야흐로 인터넷시대에 접어들어 사람끼리 직접 얘기하는 기회가 자꾸 줄어들고 있는데, 듣는 일까지 서툴게 되면 사람들과 더욱 멀어지는 신세가 되고 말 것이라는 조급한 마음이 생겨 나를 초조하게 만든다.

얼마 전에 정기적으로 시행하는 단체 건강 진단에서 청력 테스트를 받았다. 가능하다면 검사를 꼼꼼히 해 달라고 부탁을 했는데도 나의 착잡한 심정은 아랑곳하지 않고 의사는 매우 사무적이었다. '나이가 들면 누구나 약간씩 청각 장애가 오게 되지요. 현재로는 정상이라고 볼 수밖에 다른 얘기를 할 수가 없습니다'라고 잘라 말해 버린다. 의학적으로야 정상인지 몰라도 당장 느끼는 불편함과 뒷방 늙은이로 취급하는 주위의 은근한 눈초리를 어떻게 견디란 말인가?

생각해 보면 듣는 일로 해서 참 많이 다투었다. '누가 이런 말을 했네, 안 했네' 해 가며 의견 충돌을 일으키거나, 또 '나는 그런 말을 들은 적이 있다, 없다' 라고 박박 우겨가며 끝장낼 듯 싸우지 않았던가. 참으로 우둔한 일이었다. 인생살이란 것이 들어도 듣지 않은 것처럼 행동해야 할 때도 있고, 듣지 않아도 들은 것처럼 처신해야 할 경우도 얼마든지 있지 않은가. 전혀 들을 필요가 없었던 얘기를 듣기 위해 귀를 혹사한 결과가 조금 빨리 찾아왔다는 자괴감도 적지 않다. 지난날 내가 남의 아프고 억울한 일에 좀 더 진지하게 귀 기울였고, 나에게 주는 쓰디쓴 충고의 소리에도 겸허하게 몸을 낮추었더라면 아직도 귀가 생생해져 있을 것이라는 생각마저 든다.

지금의 내 청력에 문제가 있는 것도 반드시 손해만 되는 일은 아닐 것이라고 생각을 바꾸어 보면 어떨까? 하기야 인생 경력이 이쯤 되면 나에게 던져지는 기분 나쁜 얘기도 짐짓 못 들은 척하기도 하고, 남의 칭찬도 시냇물처럼 흘려보내야 하리라. 또 어쩌면 이런 변화가 '이제는 더 이상 바라지도 말고, 내 귀에 들리는 소리만 가지고도 행복하게 살아가야 할 때가 되었다'는 신호라고 믿어도 될 것 같다. 그렇다면 차라리 내 귀가 속세보다는 자연을 향해, 그 자연이 품고 있는 모든 소리에 활짝 열려 주었으면 좋겠다. 만일 우주에서 일어나고 있는 창조의 파동 소리가 내 귀에 들릴 수만 있다면, 설령 세상의 잡다한 일들을 제대로 들을 수 없다 해도 무방하지 않겠는가.

모르는 여자

단풍놀이가 절정이 될 것이라는 지난 일요일, 나는 번잡함을 피해 낙엽이 좋다는 어느 한적한 산사를 찾았다. 간간이 빠르게 달리는 자동차만 눈에 뜨일 뿐, 길은 나를 위해 가슴을 활짝 열었고 단풍으로 물든 가로수들마저 손을 흔들어 반겨주는 듯했다. 이렇게 운치 있는 길을 독차지하고 혼자서 즐기며 가고 있다는 사실이 도무지 실감이 나지 않을 지경이었다.

절의 입구. 제법 걸어야 하는 진입로에는 일부러 치워낸 것 같지는 않은데 낙엽이 시멘트 길을 피해 양쪽 맨땅 위로만 수북이 쌓여 있어 참 신기하다는 느낌이 들었다. 다행히 그 위로 사람이 다닌 흔적이 아직은 없다. 어린 시절 밤새워 눈이 온 날, 눈 쌓인 골목길에 제일 먼저 발자국을 내기 위해 이른 새벽 발뒤꿈치에 힘을 주어 가며 걸었던 그 때처럼 천천히 발을 옮겼다.

낙엽을 밟으며 서걱거리는 소리를 들어본다. 낙엽이 하나 둘 떨어지는 소리도 듣는다. 한 발자국 한 발자국 밟는 소리는 사랑하는 사람의 옷 벗는 소리 같이 가슴 뛰는 기다림을 주는데, 나뭇잎 떨어지는 소리는 전혀 느낌이 다르다. 마치 손가락 끝으로 가볍게 귓불을 치는 소리 같다고나 할까, 그러나 그 소리도 일정하지가 않다. 어쩌면 속절없이 가는 세월 뒤에 아쉬움의 신음 소리라도 각기 따로 남겨두려는 속내인지도 모를 일이다.

구름이 온통 하늘을 덮고 있어 종일 해를 볼 수 없을 것 같은 이런 날, 단풍의 색깔은 더욱 선명하게 제 얼굴을 드러내고 있다. 태양 아래서 오히려 단풍이 곱지 못한 까닭은 그 색깔이 강한 햇빛에 굴절되고 흡수되어 색이 바래진 것 같아 보이기 때문이다. 아하! 참 묘하구나. 나뭇잎이 이런 이치를 알다니. 햇빛이 있어 나뭇잎은 건강하게 살아갈 수 있었건만, 생의 마지막을 장식하는 이제 홀로 있기를 더 원하다니.

산사 바로 왼쪽으로 잘 생긴 나무들이 적당한 간격으로 서 있고 사람 키의 두 배는 됨직한 둑 아래로는 개울물이 두런두런 소리내어 흐르는 옆으로, 낙엽이 신방新房의 이불처럼 푹신하게 깔려 있다. 거기에 나무 그루터기로 만들어진 의자가 몇 개 어우러져 있으니 어느 이름난 찻집이 이와 비견하리요.

언제부터인가 그곳에는 나보다 먼저 온 한 여자가 다소곳이 앉아 있었다. 하얀 손과 긴 목, 알맞은 몸매에 맑은 얼굴, 세상을 얼마만큼 살아본 그런 표정을 함께 가진 여자가 그림처럼 앉아 있었다. 커피가 든 종이컵을 두 손으로 감싸 쥐고 피어나는 향을 맡으며 조금씩 커피를 마시고 있었다. 발걸음을 재촉하며 거침없이 가버리는 이 가을을 몹시 아쉬워하는 듯이.

한줄기 바람이 분다. 낙엽도 따라서 진다. 팔랑팔랑 떨어지는 그 모습이 마치 산 그늘이 조금씩 찢어져 분분히 내리는 것 같다. 헝클어진 파마머리 위에 낙엽이 한 잎, 어깨에 두 잎이 와서 앉는다. 낙엽 몇 장을 손에 쥐고 자리에서 일어난 여자는 그것들을 개울물에 가만히 흘려보낸다. 길고도 거친 여행이겠지만 어디에도 걸려 멈추지 말고 대양까지 흘러가 제 꿈을 대신이라도 이루어 주기 바라는 마음이 간절한지, 한참을 기도하는 모습으로 물길을 바라보고 섰다.

여자가 나뭇가지를 잡고 하늘을 바라본다. 시선을 오래도록 공중에 두고 있건만 낙엽은 좀처럼 나비 떼가 되어주지 않고 있다. 눈부신 신록의 왕성함을, 그 화사했던 단풍의 멋진 자태를 한순간에 접어버리고 정처 없이 먼 길을 나서기가 결코 쉽지는 않았으리라. 한동안 잎들은 머뭇거리고 또 머뭇거리며 때를 기다리다가 한꺼번에 우수수 떨어진다. 아마 외롭지 않게 여럿이 동무하여 땅으로 내려앉을 시간을 재고 있었던 것 같다.

자세히 보면 떨어지기 직전의 나뭇잎은 가지에 매달린 채 한동안 날갯짓을 한다. 그 절실한 몸짓은 무엇을 의미하는 것일까. 생의 마지막을 살풀이 춤이라도 추면서 짧은 목숨이 주는 허망함을 공중으로 훨훨 날려 보내기로 작정했단 말인가. 아니면 이승을 등지고 떠나는 많은 사람들의 어두운 여행길에 서설瑞雪이라도 되어 주어야겠다고 마음먹었을까?

비로소 여자는 시선을 거두어들인다. 귀를 기우려 물소리를 듣고 선 채로 발아래 낙엽을 가만가만 눌러본다. 무엇이 저 여자로 하여금 이 한적한 산사를 찾아와 오래도록 낙엽 속에 서성이게 했을까. 복잡한 세상살이나 삶의 허망함 때문일까. 아마도 치유되지 못한 가슴 아픈 사랑 때문일 가능성이 제일 크겠지. 그러나 저렇게 낙엽 속에서 숨쉬고 생각하고 행동하는 것을 보면 자연을 두고 위안 받거나 감상하는 게 아니라, 그냥 있는 그대로 자연과 하나가 되려고 애쓰는 사람일 것이라 믿고 싶다. 낙엽소리를 듣고, 물소리를 듣고, 가는 가을을 바라보며 초겨울처럼 서 있는 여자가 마치 잘생긴 한 그루 나무같이 느껴진다.

자연을 사랑하는 사람들은 비록 그 심성이 맑고 고와도 늘 외로운 것이 삶의 현장이다. 자연이 사람들로부터 턱없는 도전을 받듯이, 욕심으로 얽혀 사는 세상에서 그런 사람들은 이방인처럼 더욱 쓸쓸해야 할 경우가 많기 때문이다. 하지만 아무리 애써도 자연 그대로가 될 수 없다는 사실을 뻔히 알면서도 생각만이 아닌 몸으로 자연을 이해하고 닮아 보려고, 문명이 범접하지 못하고 있는 오지마을을 찾아 떠나는 사람들이 주변에서 점차 늘어가고 있는 현실을 차라리 나는 다행스럽게 여긴다.

나무 한 그루로 자연 속에 스스럼없이 어울려 있는 그 여자가 가슴 저리도록 아름다워 좀처럼 눈을 뗄 수가 없다. 하지만 진정 아름다운 것은 소유하지 않더라도 그것이 존재한다는 사실만으로 뿌듯하다는 말도 있지 않은가? '낙엽이 쌓이는 날 모르는 여자가 아름답다'고 노래한 어느 시인의 심사가 지금의 나와 같은 것일까?

사람이 나이가 들면 비례하여 외로움이 커지게 마련이고, 그 외로움은 더욱더 간절한 사랑의 대상을 찾게 된단다. 욕심 없고 매인 곳 없는 사랑이 과연 가능할 수 있는가에 대한 의문이 없는 것은 아니지만, 세상에 태어나서 그 존재 자체를 진정으로 사랑할 만한 대상을 만나는 것처럼 큰 행운은 없을 것이다. 비록 그것이 사람이든 꽃이든 강이든 말이다.

불현듯 맑게 갠 가을하늘같이, 애써 숨길 것도 없고 굳이 드러낼 것도 없는, 그냥 아름답고 투명한 사랑을 해 보고 싶어진다. 내년 이맘때 다시 이곳에 오면 오늘처럼 내 마음을 뿌듯한 행복감에 젖게 해 줄 '모르는 여자'를 볼 수 있으려나.

참 잘한 일

'대체로 책이 잘 팔리지 않고 문학 전문서적은 더욱 고전을 면하지 못하고 있으니, 장차 다가올 세상에서는 종이 책에 의존해 왔던 정통 문학이 과연 살아남을 수 있을까?'하고 걱정하는 사람들을 더러 만나게 된다. 하지만 나는 결코 절망하지 않는다. 왜냐하면 문학은 그 자체가 삶의 한 부분으로서 사람과 필연적으로 어울려 살아야 하는 까닭에 인류가 없어지지 않는 한 어떤 형식으로든지 살아남을 것이고, 그 중심에는 언제나 활자 매체가 자리잡고 있을 것이기 때문이다.

인류의 앞날은 첨단과학이 만들어 내는 고도의 편의성과 안락함 때문에 세상이 온통 장밋빛으로 치장되리라는 생각도 있지만, 반대로 인간관계는 더욱 삭막해지고 개인은 뛰어난 기계의 능력 앞에서 한없이 위축될 것이며, 공해나 환경파괴로 건강을 지키며 살아가기가 더욱 어려워질 것이라는 견해도 적지 않다. 이러한 비관적 의견을 가진 사람들 중에는 '극도로 피로해진 미래 사회의 사람들은 진정한 휴식과 위안을 간구하게 될 터이고, 이를 위한 방편으로써 문학의 역할이 더욱 커질 것'이라는 주장을 덧붙이기도 한다.

사실 정신없이 바쁘게 돌아가야 하는 요즈음 사람들보다 더 속력을 내며 살아야 할 장래의 사람들에게는 소설의 부피나 시의 난해성이 다소 부담을 줄 소지가 있음으로, 글의 내용이나 길이로 볼 때 수필이 딱 좋은 읽을거리가 될 것으로 여겨진다. 또 모든 정보에 엄청난 속도가 실리고 다양한 직업으로 인한 다방면의 지식이 필요한 내일의 독자들은 여러 가지의 간접 체험을 절실하게 요구하게 될 것이고, 이런 갈증을 소설이나 시가 감당하기에는 무리가 따르리라는 예상도 쉽게 해 볼 수 있다. 결국 생활의 문학이요 체험의 문학인 수필이 미래 사회에서는 가장 가능성이 큰 문학이 될 것이라고 장담해도 틀리지 않을 것이다. 설령 이런 주장이 내 나름의 좁은 소견에서 비롯된 자기 위안에 불과하다고 이의를 제기하는 사람이 있다 할지라도, 나는 내 주장을 굽히지 않을 작정이다.

근래에 와서 수필이 문학으로 제대로 살아남기 위해서는 변화를 추구해야 한다고 외치면서, 실험 수필을 쓰는 등 직접 행동에 나서는 사람들을 적지 않게 본다. 그들은 여러 문학 장르 중에서 특별한 관심을 받지 못하고 지내왔던 수필이 과거를 그대로 답습하기 보다는 어떤 형식으로든 변해야만 살아남는다고 보는 것 같다. 그래서 '수필, 낯설게 하기'나 '퓨전 수필' '영상 수필' 같은 새로운 기법들이 등장하게 되었을 것이다. 지금의 문학이야말로 영상이나 사이버 문학 쪽으로 급속히 전환해 가야 하고, 또 대부분의 사이버 공간을 장악해 버린 젊은 세대들을 새 고객으로 공략해야 하는 과제를 안고 있는 것도 사실이다.

그러나 시도되고 있는 새로운 작법이 수필 본래의 속성을 무시해 버리고, 그 범주를 벗어나면서까지 무리한 실험을 계속한다면 매우 심각한 문제를 일으킬 소지가 있을 것이다. 글의 속 내용은 하나도 변하지 않았으면서도 겉으로만 변하는 척하는 속임수나, 적당히 새로운 것으로 흉내낸 작법이 마치 대표적인 새로운 수필처럼 행세하게 된다면 참으로 난감한 일이 될 터이다. 예를 들면 '낯설게 하기'라 하여 엉뚱한 시각이나 공상 같은 허구를 차용하여 작품을 낯설게 만들었다면 과연 그게 옳은 방향이 될까 재삼 검토해 봐야 할 것이다. 또 '퓨전 수필'이라 하여 고의적으로 수필을 시처럼 써 보고 단편소설 같은 구성을 보인다거나, 드라마 같이 대화체가 주를 이루는 글을 쓴다고 해서 반드시 새로운 수필이 되는 것도 아닐 것이다.

아무리 작금의 시대가 문학의 탈 장르 현상을 가속화시키는 요인들로 둘러싸여 있다 할지라도, 시는 시로써, 수필은 수필로써의 존재 이유가 있다고 믿는다. 하여 진정한 수필이란 어디까지나 체험에 바탕을 둔 아름다운 상상력, 문학적인 감성, 미래를 개선시켜 나가려는 창조성 등이 잘 어우러졌을 때, 비로소 내일의 독자들이 요구하는 제 모습을 갖추게 될 것이다.

문학이란 결국 인간을 위해 존재하는 것이 아닌가? 문학은 인간이 행복해지기 위해 사용되는 한 수단이고, 그 수단 중의 하나가 수필이라 보면 아무 문제가 없을 것이다. 만약 누가 뛰어난 새로운 형식을 도입하여 수필을 썼다 하더라도, 이런 근원적인 목적을 상실한다면 문학으로서 수필은 그 가치를 인정받지 못할 것이다. 예나 이제나 먼 훗날을 가릴 것 없이 인간들이 삶을 영위해 가는 한 '풀어야 할 숙제'들을 항상 지닐 수밖에 없을 것이고, 이러한 삶의 원초적인 문제들에 보다 많은 관심을 기우려 언제 읽어도 독자들의 가슴속에서 생생히 살아 있을 글을 쓴다면, 형식을 고사하고 그 작품은 긴 생명을 누릴 수 있을 것으로 본다.

분명 지금의 정보화 사회는 오래 버티지 못할 것이다. '현대문명의 해독제는 새로운 문명이 아니라, 태초부터 있어 온 자연이어야 할 것'이라는 말처럼 '정보화 사회' 다음에는 '자연화 사회'가 올 것이라는 신념으로 글을 써야 한다는 게 나의 주장이다. 왜냐하면 정보화 사회가 앞으로 나가고 또 나가보지만 더는 어쩔 수 없어 자연으로 되돌아오리라 예상하듯이, 전자책이나 영상물에 빠져 있던 독자들도 결국은 종이 책을 다시 사랑하게 될 것을 굳게 믿는 까닭이다.

생각해 보자. 예측 불허와 가중되는 불안, 심각한 가치의 혼돈이 빚어내는 우리 사회의 상처가 대처하지 못할 만큼 크게 덧나기 전에, 의연하고 용기 있게 문제를 고발하고 동시에 위로와 희망을 얘기하는 역할의 중심에 수필문학이 있어야 하지 않겠는가? 그러므로 수필을 어떻게 쓰느냐 보다는 무엇을 쓰느냐가 중요하게 부각될 것이고, 무엇을 쓰느냐 보다는 어떤 내용이 더 중요하게 평가받을 것이며, 그 내용보다도 더더욱 중요한 것은 수필가의 정신세계가 되리라.

이 시대에 가장 깨어난 사람이라 불리는 틱 낫한 스님은 '만일 그대가 진정한 시인이라면 한 장의 종이 안에 떠 있는 구름을 볼 수 있을 것'이라고 말했다. 시인이란 표현 대신에 수필가로 바꿔 넣은들 달라질 건 아무것도 없으리라. 그는 말한다. '구름이 있어야 비가 있고, 비가 와야 숲이 산다. 숲은 나무로 이루어지고 큰 나무가 자라야 펄프가 생산될 것이니 결국 구름과 종이는 함께 존재해 있고, 종이와 벌목꾼 또한 같이 있을 것이다. 만약 그 모든 것들이 없다면 종이도 없는 것이다.'

종이와는 아무 관련도 없어 보이는 것들로 인해 종이가 존재한다는 사실이 놀랍지 않은가? 무릇 이 세상에는 홀로 존재하는 것은 아무것도 없다 한다. 그렇게 만물은 서로 서로가 깊은 연관성을 지닌 채 함께 살아가도록 만들어져 있고, 이 연관성을 더욱 따뜻하고 친밀하게 엮어가는 힘이 바로 '사랑'이란다.

문학과 사랑, 그것은 지금이나 미래에서나 변함 없는 테마가 되리라. 아무리 수시로 변하는 게 사람 마음이고 서로 주고받는 사랑은 그보다 더 변덕스러울지라도 사랑이라고 이름지어진 마음자리의 속성은 매 순간 영원하기를 바라고 있을 터이다. 그러므로 사랑을 바탕으로 삼아야 하는 문학 역시 보다 먼 곳에 머리를 두는 것이 당연하리라.

앞으로 쓰여질 수필들이 이런 측면을 얼마나 성실하게 반영시켜 줄지는 알 수 없으나, 적어도 수필 쓰는 사람들의 마음만이라도 '우주의 무한한 에너지로 함께 엮어져 있는 수많은 존재'에 대해 깊은 통찰과 애정을 가지고 매진한다면, 다가올 세상에서는 수필이 진정 환영받는 문학으로서 날개를 활짝 펼 수 있을 것으로 기대한다. 나 또한 오랜 기간 열심히 수필을 쓰며 살았던 날들이 내 삶에 있어서는 그래도 '참 잘한 일이었다'는 행복한 회상 속에서 붓을 놓을 수 있었으면 하는 바람을 가슴에 안고 산다.

속물

현관문을 여니 기다렸다는 듯이 한꺼번에 몰려오는 강한 향기에 현기증이 날 지경이다. 도대체 이런 강렬한 향기가 어디로부터 오는 것일까? 이곳저곳을 둘러보다가 베란다에 내어놓은 행운목에서 꽃이 피고 있다는 사실을 알게 되었다. 그래 바로 저 행운목이지! 저 조그마한 꽃에서 풍기는 향내가 온 집안을 이렇게 진동시키고 있다니 사뭇 놀라운 일이다.

나무를 우리 집에서 키운 지 올해로 꼭 14년째다. 큰아이가 입대하던 날 '무사히 군 생활을 마치고 돌아오라' 는 기원을 실어 한 그루 사다 심은 것이다. 눈물겨운 아내의 기도가 둘의 목숨 줄을 서로 간에 이어주었는지 알 수는 없지만, 아이도 건강하게 군 생활을 잘 해 나갔고 나무 또한 탈 없이 잘 자라 주었다. 아이가 제대를 할 무렵, 나무는 본래 키만 껑충 컸었지 깡말라 볼품없었던 모양을 완전히 벗고 몇 개씩이나 튼실한 새 가지를 내고 풍성하게 잎을 달았다. 그 후 아이는 독립하여 집을 떠났고 나무만 남아 우리 부부와 정을 나누며 살았다. 하지만 그놈은 우리와는 달리 갈수록 왕성한 생명력을 뽐내며 몸집을 키워갔다. 화분을 큰 것으로 바꾸어 주기를 몇 번, 올 봄에는 놈의 등치가 하도 거추장스러워서 거실에서 베란다로 이사를 시키고 말았다.

그것이 어느 날인가부터 두 개의 꽃대를 길게 내밀기 시작하더니 활처럼 휘어진 채 꽃눈을 달았다. 7월 중순이 되자 한 개의 꽃대에 열다섯 개씩, 정확하게 서른 개의 꽃을 피웠다. 처음에는 그것이 꽃인 줄도 몰랐다. 꽃은 좀 칙칙하다는 감을 주는 옅은 갈색을 띠었고, 꽃 모양은 작은 들국화가 반쯤 핀 모습을 상상하면 얼추 맞는 설명이 될 게다. '참 별스럽구나, 이렇게 못생긴 꽃도 있구나' 하는 생각을 했는데, 꽃 한 송이를 이루던 수십 개의 꽃잎, 하나하나가 더 작은 꽃으로 하얗게 피어나 제법 커진 새 꽃을 만들고 있었다. 처음 핀 꽃 하나가 다시 작은 꽃을 가득 피워, 그것 전체로서 전혀 다르게 보이는 꽃 한 송이를 탄생시키는 놀라운 솜씨가 마치 요정이 펼치는 요술 같았다.

더욱이 독특하고도 진한 향기마저 지녀 외양적으로 그다지 매력적이지 못한 제 약점을 극복하려 무진 애를 쓰고 있었으니, 이미 꽃은 내뿜는 향기로 말미암아 그것이 존재해야 하는 이유를 증명하고도 남았으리라. 걸핏하면 나이를 감추어 보겠다고 외양 가꾸기에 더 신경을 쓰고, 내 장점을 길러 약점 극복하는 일에 서툴기만 한 나에게는 새삼 교훈이라도 삼아야 할 꽃이었다. 덕분에 나는 며칠 동안 잠을 설치게 되었다. 그것이 풍기는 향기가 얼마나 짙은지 도저히 밤을 온전히 보낼 수가 없었기 때문이다. 새벽에도 두어 차례씩 일어나 커다란 돋보기와 손전등을 들고 꽃을 이리저리 살피며 환상 같은 세계에 빠져들었으니 행복이 따로 있었겠는가?

이 꽃은 늦은 오후부터 피기 시작해서 한밤중에야 절정을 이루고, 서서히 오므라들어 아침 다섯 시가 조금 지나면 내가 언제 피었었느냐는 듯이 입을 꼭 다물고는 본래의 모습으로 돌아간다. 남모르게 자신만의 세계를 마음껏 펼치며 사는 그 숨겨진 조화를 훔쳐보며, 사람이 아무리 정성을 들여 나무를 키운다 할지라도 결코 보답하기 위해 꽃을 피워주는 것이 아니로구나 하는 느낌을 받았다. 만물이 다 그저 제 생긴 대로 최선을 다해 살 뿐이지 누가 누구를 위해 살아가는 것이 아닐 것이라는 생각이 들었다는 말이다. 오직 사람만이 모든 것이 자기를 위해 존재한다는 착각 속에서 허우적거릴 뿐이지만.

꽃은 향기나 모양에서 절정을 이루더니 번식의 욕망을 이기지 못해 마침내 정액을 분출하고 만다. 아카시아꿀 같은 투명하고 끈적끈적한 액체를 양껏 쏟아 잎사귀에도, 베란다 바닥에도 방울방울 맺어 놓았다. 그러나 그것을 사랑할 곤충이 있을 턱이 있나? 15층 아파트에 방충망으로 무장까지 했으니 무슨 수로 벌 나비가 찾아오겠는가. 생명의 질서를 내 스스로가 깨고 있으면서도 '꽃을 사랑한다'고 혼자 흐뭇해하며 화분을 여러 개 곁에 두고 지낸 일이 새삼 부끄럽다. 문명의 대표적 산물이라 할 수 있는 고층 빌딩에서 경쟁심과 이기심으로 겹겹이 무장하고는 내 딴에 잘 살아가고 있다고 믿고 있었지만, 보다 큰 눈으로 바라보면 지금의 내 처지가 가련하기 짝이 없게 보일 수도 있을 터이다.

잎을 활짝 열었다 닫기를 며칠, 끝내 하나 둘 꽃이 지기 시작하고 그 강력하던 향기도 조금씩 힘을 잃어 갔다. 많이 예쁘지는 않아도 앙증맞고 신기하기만 하던 꽃을 보며 좀 더 오래 견디어 주기를 간절히 바랐었는데 소용없는 일이 되었다. 일주일을 지나면서 생명의 기운이 빠져나간 꽃잎들은 쪼그라들어 새카맣게 변한 채 사방으로 흩어져, 베란다 바닥은 마치 개미 떼가 치열한 전투 끝에 저들의 시신을 즐비하게 남기고 떠난 자리와 흡사하게 되어 버렸다.

그토록 오랜 세월을 기다린 끝에 힘들게 세상 밖으로 나왔지만 겨우 몇 날을 살다 가는 꽃. 그러나 나는 지금 그 쓸쓸하고 허무한 주검을 쓸어내며 애상과 감상에 젖기는커녕 엉뚱한 생각에 잠겨 있다. 이 나무를 사게 만든 내 큰아이는 몇 번의 쓰라린 실패를 겪었지만 지금도 스트레스가 많은 업무를 짊어지고 힘든 발걸음을 재촉하고 있다. 행운목에 꽃이 피면 행운이 온다고 했는데, 만약 행운의 여신이 있다면 그 행운을 모두 아이에게 전해 줄 길이 없을까 하는 생각이 나를 붙잡고 놓지를 않는다.

나로서는 난생 처음 보는 귀한 꽃이었고 또 그것을 통해 작은 행복을 맛보았건만, 마침내 꽃의 죽음은 뒷전이고 그것을 핑계로 내 소원을 이루고 싶어 하는 나를 발견한다. 삶이 이쯤에 왔으니 나도 제법 마음을 다스려 욕심을 앞세우는 감정에서 어느 정도는 벗어나 있다고 생각하지만, 막상 어떤 일에 부딪혀 보면 별로 나아진 것도 없이 매한가지임을 깨닫게 되니 맥이 빠진다.

하기야 사랑을 시작할 때의 뜨거운 열정보다는 이별을 맞으며 훨씬 더 차갑게 변하기 쉬웠던 게 나라는 인간이었고, 이익을 남기면 나 때문이었고 손실을 입으면 늘 상대를 탓해 왔다. 나의 성공은 어디까지나 나만의 것이기를 바랐고, 남의 성공을 두고는 내가 그것에

편승하여 쉽게 뛰어오를 방법이 없을까 골똘히 생각했던 적도 적지 않았다. 심지어는 가까운 사람의 주검을 앞에 두고도 진정으로 애석해 하고 안타까워했던 시간보다는 그 죽음이 나에게 어떤 영향을 미칠 것인가를 더 오래 계산한 경우도 있었으니……. 아! 나는 어쩔 수 없는 속물인가 보구나.

아름다운 사람들

2층 사무실에서 무심코 창 밖을 바라본다. 단풍으로 곱게 물든 잎들을 풍성하게 달고 있던 키 큰 나무들이 어느새 잎을 많이 잃고 쓸쓸한 분위기를 자아내고 있다. 머물지 않고 그렇게 떠나 버리는 가을의 빠른 발걸음이 새삼 계절의 변화를 실감케 한다. 문득 이번 가을에는 느긋하게 단풍구경 한번 못했었다는 생각이 떠올랐다. 만일 이대로 겨울을 맞는다면 어이없이 보낸 가을이 너무 섭섭하리라는 초조함에 하던 일을 멈춘 채 길을 나섰다.

팔공산 일주도로는 언제 보아도 좋다. 대도시를 끼고 이렇게 운치 있는 산길이 있다는 것은 축복이 아닐 수 없다. 대구시에서는 이 길을 '낙엽의 길'로 만들었다니, 너나없이 삶에서 낭만을 잊고 있는 요즈음 같은 때에 정말 잘한 일이라 여겨진다. 작정하고 나선 터라 천천히 차를 몰았다. 도로 양쪽으로는 낙엽들이 군데군데 수북이 쌓여 있어, 마치 그것들이 머지않아 닥쳐올 이별을 눈치 채고는 서로가 떨어지지 않으려고 힘껏 부둥켜안고 서러워하고 있는 것 같았다. 이별은 언제나 서러운 만큼 아름다운 것인가? 나뭇가지에 얼마 남지 않은 고운 색깔의 나뭇잎이 오늘따라 눈물나도록 아름다운 것도 이미 떠남이 예비되어 있었기 때문이리라.

동화사 관광지를 지나 수태골 언덕을 넘었을 때였다. 저만치 길옆에서 여자 하나가 낙엽을 열심히 긁어모으고 있었다. 동행도 없이 혼자 와서 저렇게 애를 쓰다니, 화단에 사용할 부식토라도 만들려는 것인가? 이 길에 있는 낙엽은 쓸지 못하게 한다는데, 궁금증이 더해 가만히 차를 세웠다.

낙엽이 잔뜩 쌓이자 여자는 두 손으로 그것들을 움켜쥐고는 하늘을 향해 던진다. 조금이라도 더 높게 날려보려고 발뒤꿈치를 치켜든 채 있는 힘을 다하여 손을 위로 뻗는다. 순간 솟아오른 낙엽은 바람을 타고 이리저리 흩어지고, 다시 떨어져 내리는 것을 모조리 받기라도 할 것처럼 몇 걸음 달려나가 팔을 활짝 벌리고 선다. 팔랑거리며 떨어지는 그것들을 매번 가득한 미소로 맞는 여자가 무척 아름다워 보인다. 어느새 손에 배어버린 낙엽 냄새를 한껏 마시고는 으스대듯 가슴을 쑥 내밀어보는 행동이 마치 학예회에 나온 초등학생 같다. 나이가 들어 행복해지려면 아이의 마음을 가지라 했던가. 중년이란 나이도 잊고 남의 이목도 아랑곳하지 않은 채, 하나의 낙엽이 되어 분주하게 날고 있는 그 모습이 잘 만들어진 영화의 한 장면을 보는 것 같다.

굽이가 심한 오르막길을 죽 따라가다가 산 정상쯤에 자리 잡은 휴게소에 들렀다. 종이컵에서 피어나는 그윽한 커피향을 즐기며 멀리 산 아래를 내려다보고 있는데, 내가 기대고 선 철책 아래에서 두런두런 말소리가 들린다. 노부부였다. 오늘 주운 단풍잎을 두고 서로가 제 것이 더 예쁘다고 자랑이라도 하고 있었던 모양이다. 각자가 손에 쥔 낙엽을 한 장씩 빼어 상대방의 눈앞에 내미는 순간을 내가 보게 되었으니. 낙엽을 두고 가벼운 실랑이를 펼치며 약간씩 목소리를 높여 가는 그들의 모습에서 오랜 세월을 두고 잘 익어온 포도주가 생각났다.

눌러 쓴 모자 때문에 얼굴은 잘 보이지 않았지만 바람에 날리는 은백색의 머리카락이 빗겨지는 가을 햇살과 멋진 조화를 이루고 있었다. 황혼 길에 들어선 두 사람의 다정한 몸짓이 가을 속의 가을 풍경을 잘 보여주고 있었다. 잠시 후 부인이 남편의 손에서 낙엽을 건네받더니 땅바닥에 늘어놓기 시작했다. 고개를 빼어 들여다보니 '건강'이라는 글자를 만드는 것 같았다. 서로가 건강을 조심하자고 굳게 약속이나 하는 듯 한참이나 마주보고 있었다.

드디어 제2석굴암 초입. 팔려 가기를 기다리며 길가에 죽 늘어선 과일들이 풍성하다. 두 가마니나 됨직한 감을 등뒤에 남기고도 널찍한 멍석 위에 잘 익은 감을 잔뜩 쌓아놓은 초로의 아주머니가 눈에 띈다. 아무리 보아도 장사꾼 같지 않다. 더 이상한 것은 예의 아주머니는 다른 사람들처럼 지나는 사람을 호객하거나 눈여겨보지도 않고 오직 감만 매만지고 있는 것이었다. 그 많은 양의 감을 언제 다 팔 것인지 오히려 내가 답답할 지경이다. 오랜 농사일에 늙음이 지름길로 왔는지, 어림짐작되는 나이에 비해 허리도 꼿꼿하지 못하고 다리 쓰는 일도 자유롭지 못한 것 같다. 그런데도 감을 만지는 손은 어쩌면 그렇게도 날렵한지. 그 정도의 물량이면 낱개로 팔 게 아니고 상자떼기로 넘겨야 할 처지라 잔손질이 따로 필요치 않을 것 같았건만, 잠시도 쉬지 않고 감 하나하나에 정성을 쏟고 있다.

아마도 그 아주머니는 지금, 손수 농사지은 감을 손질하는 것이 아니고 지나온 자신의 삶을 다듬고 있는 것이리라. 자식이나 이웃 앞에 제 삶을 떳떳하게 내 놓고 싶은 마음이 간절해서겠지. 감에 묻은 흙을 털며 지난날의 제 허물도 걷어내고, 엉겨 붙은 검불을 집어내며 아직도 남아 있는 나쁜 기억들을 모조리 털어 버리려 하는 것 같구나. 그렇게 해서라도 살아온 날들을 잘 닦아 놓은 감처럼 탐스럽게 간직하고 싶어서겠지.

아, 눈여겨보니 모두가 아름다운 사람들이다. 가을은 애당초 그런 계절인가? 세상이 온갖 추악함으로 도배를 한 것 같아 보이지만 이렇게 아름다운 사람들이 많고 많은 세상이 아닌가. 내가 미처 보지 못했을 뿐, 다시는 돌아오지 못할 이 가을을 보내며 제가 살았던 흔적을 곱게 영혼에 새겨 넣고 있는 사람들이 곳곳에 있을 것이다.

나는 내 젊은 나이를 어떻게 보내었던가. 삶을 싸움판으로 여기고 투우장의 소처럼 콧김을 내쉬며 앞만 보고 돌진했었다는 기억만 생생하다. 계절이 어떻게 바뀌었는지, 꽃은 언제 피어났다 져버렸는지, 낙엽이 어디로 왔다 어느 곳으로 가버렸는지도 모르고 지낸 날들이 대부분이었다. 야망이나 일을 방패로 삼고 내 마음엔 손바닥만한 여유도 없으면서 남들 앞에서는 풍성한 척 너스레를 떨곤 했었다. 푸른 하늘에 낮달이 그리운 이의 얼굴처럼 곱게 떠오르는 날이 있다는 사실도, 별이 유난히 빛나는 밤이면 풀벌레의 울음소리마저 투명해진다는 이치도 흘려버렸다. 비가 내리면 그 비를 맞으며 맨발로 춤을 추는 여인이 있다는 것도, 눈이 오는 겨울 강가의 혹독한 바람에도 아랑곳하지 않고 꽁꽁 언 볼을 서로 맞대고 마냥 행복해 하는 연인들이 살고 있는 곳이 내가 머무는 세상이라는 사실을 애써 외면하고 말았다.

그렇게 살았던 세월이 나에게 가져다 준 결과라는 것도 별것 아닌, 미약한 바람에도 떨어져 내리는 낙엽처럼 허무한 것이라는 생각을 미처 하지도 못한 채 바쁘게 달려왔다. 좀 더 참고 좀 더 열심히 일하면 나이가 들어 무작정 편안하고 행복해질 줄 알았던 게 어리석었다. 보다 큰 것을 위해 매일의 작은 것은 가차없이 뒤로 미루어 버려야 한다는 주장을 따른 것도 옳지 않은 일이었다. 원래 시작부터 위대함이란 없는 법, 단지 작고 사소한 일들만 눈앞에 있을 뿐인 것을. 거창한 일만 추구한다고 행복해지는 것도 작은 일에 매달린다고 불행한 것도 아니지 않았던가?

나는 오늘 만난 사람들을 통해 가을 안쪽에 숨어 있는 또 다른 가을의 멋을 만나게 된 셈이다. 생각해 보면 이런 사람들은 속절없이 가야만 하는 가을을 두고 눈물 글썽이며 이별의 손짓을 하고 있지만, 다가오는 겨울 또한 그 누구보다 깊이 사랑할 사람들일 게다. 이 세상에 존재하고 있는 것 중에서 아름다운 사람보다 더 아름다운 것은 결코 흔하지 않을 것이라는 평소의 내 생각을 아직은 지워버리고 싶지 않구나.

3

세상 속으로

늘 이렇게 재미없는 일들이
반복해서 일어나고 있는 세상 속에서
나는 점점 무감각한 사람으로 변해 가고,
지구는 이 모든 사실을 애써 모른 척하며
그저 열심히 돌아가기만 한다.
그러나 지구촌의 일이란
인간들만의 일이 아닌 지구 전체의 일이요,
지구 전체의 일은 곧 우주의 일임을 아는 사람이
늘어나야 할 것이라는 바람은 있다.
우주를 이해하는 일은 자연을 닮는 일이요,
자연을 닮는 일은 자연처럼 사는 일이고,
자연처럼 사는 사람은 '가장 으뜸가는 지혜'를 지녔다고 생각한다.
재산을 가진 사람들보다는 지혜를 가진 사람들 틈에서
사는 것이 훨씬 더 행복할 것이라는 믿음 때문에,
오늘도 나는 그런 사람들을 찾아
묵묵히 세상 속으로 발걸음을 내딛는다.

—「세상 속으로」 가운데서

낙화 유정

'바람보다 풀이 먼저 눕는다'는 표현이 즐겨 쓰이기에, 예민하기로 말하면 가느다란 풀이 으뜸이려니 생각했는데 오늘 보니 그렇지도 않다. 만개한 벚꽃이 풀보다 먼저 바람 냄새를 맡고 반응하고 있기 때문이다. 꽃잎은 갓난아기의 숨결보다 더 미약할 것 같은 바람이나, 잔물결이 내는 파동에도 견디지 못하고 하염없이 떨어지고 있다. 꽃이 지고 나면 그 영혼들은 다음해까지 호수에서 잠을 자게 되는지, 떨어진 꽃잎은 제 스스로가 현란한 이불로 되어 수면을 부드럽게 덮는다.

경주 힐튼호텔이 자리 잡은 보문호의 산책길은 벚꽃 잔치가 한창이었다. 온통 벚꽃으로 수놓은 세상 같다. 구름처럼 몰려든 사람들마저 꽃처럼 보이는 그런 날이었다. 쏴—아 하고 한 줄기 바람이 불자 꽃잎도 바람 따라 분분히 떨어진다. 앞을 식별할 수 없을 만치 한꺼번에 꽃이 져도 측은해 하기는커녕, 그것들이 떨어지면서 그려내는 매혹적인 몸짓에 사람들은 손뼉을 치며 환호성을 지른다. 주어진 삶을 다 누리지도 못하고 속절없이 가야 하는 꽃을 보면, 허무한 그것들의 일생에 적이나 마음이 울적할 것 같은데 도리어 사람들은 왜 저리도 좋아할까?

꽃은 올해뿐만 아니라 다음해에도, 그 다음해에도 계속해서 피리라는 확신이 있기 때문인가, 아니면 절정의 순간에 미련 없이 떠나버리는 멋스러운 모습이 찬사를 보내는 이유가 될까. 어쩌면 달리기만 하고 멈추어 서서 바라볼 줄 모르는 현대인들의 성급함이나, 무엇이든 끝장을 보아야 직성이 풀리는 극성스러움이 지는 꽃을 더 좋아하게 만들어 버렸다고 볼 수도 있겠지?

그러나 환호와 감탄도 잠시뿐, 눈이 부시게 곱던 것들이 땅으로 내리자 말자 사람들의 발길에 무참히 짓밟힌다. 길가에 수북이 쌓인 꽃잎 위로 크고 작은 발자국이 선명하다. 좀 더 오래 머물러 있어야 할 생명의 기운이 한순간에 으깨어지고 부서지는 현장이다. 어떤 꽃이든 만개 이후에는 곧바로 죽음의 길로 가야 하는 자연의 이치가 칼날같이 무섭다.

꽃이 피면 사람들은 어디든지 찾아간다. 무리를 지어 자동차의 매연을 내뿜고, 고기를 굽고, 술 냄새를 풍기며 간다. 어디 그뿐인가. 꽃을 꺾어 호주머니에 꽂기도 하고 잎을 따서 길가에 훌훌 버리기도 한다. 잠깐 동안 살아 있을 생명인데 그 시간마저도 참아주지 못하고 자기들의 순간적인 만족을 위해 저들을 예사로 취급해 버리는 사람들의 행위가 꽃에게는 얼마나 야속했을까? 사는 이치를 따지자면 꽃이 피고 지는 것이나 사람이 나고 죽는 것이 매한가지일 터이다. 짧은 생애를 살고도 피할 수 없는 질서에 따라 소리 한번 지르지 못하고 허망하게 떨어져 내리는 꽃이 현대를 살고 있는 사람들과 흡사하다는 생각이 오늘따라 더욱 절실하다.

사방을 둘러본다. 저마다 있는 힘을 다해 열심히 산다고 애를 써 보지만 남의 나쁜 운에 걸려 천수를 다하지 못하고 황천길로 가는 일이 부지기수가 아닌가. 인종과 종교의 갈등이 수많은 사람들의 목숨을 앗아가고, 자동차와 비행기 같은 문명의 이기가 더 많은 육신들을 참혹하게 찢어 버린다. 하지만 이런 엄청난 고통과 비극을 앞에 두고도 책임질 사람 하나 없이 잠깐씩 슬퍼하는 척 하다가는 이내 잊어버리고 일상으로 돌아가는 게 요즈음의 세상살이다. 사람들이 꽃에게 하는 짓을 사람끼리도 똑같이 되풀이하고 있는 것이다.

행복은 고사하고 도리어 가슴 미어지는 억울한 죽음을 대량으로 만들어 내고 있는 첨단과학의 시대에서 보다 존경받는 아름다운 죽음이 많아지는 사회로 바꾸어 나갈 방도는 없을까? 만약 전혀 가능성이 없다면, 꽃보다도 대접받지 못하는 삶이 지천인 세상에서 무엇이 진정한 가치로 남아서 인생을 살아 볼만한 것이라고 노래하게 할 것인가.

어떤 문인이 '피어 있는 꽃보다는 꽃이 질 때가 더 아름다운 법'이라고 말했지만, 나는 피어나는 꽃이 좋고 핀 꽃처럼 아름다운 사람이 좋다. 하기야 마음의 눈을 활짝 열기만 한다면 꽃이 핀들 어떻고 진들 어떠랴!

다시 바람이 분다. 떨어지는 꽃잎이 눈앞에 가득하다. 마치 하늘에 낮게 떠돌던 구름덩이가 잘게잘게 뜯겨 한꺼번에 쏟아지는 것 같다. 그래도 이 꽃들은 지자마자 건강하고 싱싱한 잎들이 새로 솟아 나와 꽃이 살았던, 짧았지만 아름다웠던 날들을 초록빛깔로 곱게 감싸 기억이라도 길게 남기려 애쓴다. 하지만 사람의 일생은 진정한 그 누가 있어 추억하고 찬미해 준단 말인가?

아, 인생무상人生無常, 낙화유정落花有情이로구나.

타임머신을 타고

내가 아무리 할아버지라고 부르도록 가르쳐도 손자 녀석은 언제나 '하비야' 라고 부른다. 태어난 지 30개월이 조금 지났으니 우리말을 제대로 할 리가 없다. 하루는 할머니가 애를 업고 밖으로 나갔다. 반달이 아름답게 뜬 밤이어서, '저 달 좀 봐라, 참 예쁘지?' 하고 할머니가 말문을 연다. '할미야, 문이다' 손자의 대답이다. '문이 어데 있노, 저건 달이야 달.' 하며 손가락으로 하늘을 가리켰는데, 아이가 좀 더 큰 소리로 '아이, 문이다 문!' 하더란다. 그제야 '문'이 영어로 달이라는 뜻인 줄을 알아채고는 어안이 벙벙했단다.

어린애가 우리말보다 영어를 더 잘한다고 신통해하며 자꾸 가르치다 보면 부모들이 뜻하는 대로 될 수도 있을 것이다. 그러나 정작 알아야 할 우리말은 서툴고 외국어만 유창하게 구사한다면 어떤 결과가 빚어질까? 뜻있는 사람들은 지금부터 한 세대만 더 지나면 우리말이 외국어처럼 되고 외국말이 모국어처럼 될 것을 염려하고 있는데, 자꾸만 그런 일이 현실로 다가올 것 같은 생각이 들어 찜찜하다.

하지만 내 마음속에서만 그런 걱정이 있다는 것일 뿐, 들어내어 말하기가 부담스럽다. 왜냐하면 나는 요즈음 세대의 교육방법이나 내용도 잘 모를 뿐 아니라, 젊은 며느리를 재치고 손자 교육에 주도권을 쥘 자신도 없기 때문이다. 만약 그것을 할아버지 뜻대로 할 수 있다는 사람을 만나면 나는 존경하는 마음으로 한잔의 술이라도 대접하고 싶다.

오래 전에 '휴대폰을 사용할 줄 모르면 원시인'이란 광고가 TV에서 한창 뜰 때가 있었다. 다들 원시인이 되지 않으려 발버둥 쳤는지는 알 수 없지만, 눈부신 속도로 휴대폰이 퍼져나간 게 사실이다. 전화에 내 자신이 묶이는 게 싫어서 '버틸 때까지는 버텨 보리라' 는 각오로 몇 년을 지냈다. 그 후 회사 일 때문에 어쩔 수 없이 휴대폰을 구입하고는 이제야 원시인의 신세를 면하는가 했더니, 뒤따라 나온 여러 가지 놀랄만한 기능의 휴대폰에 밀려 여전히 구식 신세를 면치 못한 씁쓸한 기억 때문에 지금은 휴대폰의 모델에 대해서는 아예 관심을 끊어버렸다.

그러나 내가 이렇게 살고 있는 데는 그 어떤 이유보다 내 스스로의 책임이 제일 크다는 생각에 불평 한마디 못하고 산다. 사실 나는 새로운 전자 제품이나 첨단 운운하는 상품에 대해서는 별다른 관심을 보이지 않는 사람에 속한다. 특히 생활용품 같은 것은 신형으로 바꿀 마음을 아예 내보지 않는다. 그로 해서 내가 소유하고 있는 카메라도 단추를 철컥 하고 누르는 30년 전의 것이고, 전축도 LP판 전용이며, TV도 아주 옛날 것이다. 별도의 준비 없이도 필요하면 언제라도 척척 사진을 찍거나 좋아하는 음악을 듣고, 모르는 길을 찾거나 상대방에게 쉽게 문자 메시지를 보내는 최신 문명의 편리한 맛을 한참 모르고 산다고 해야 하리라.

젊은 문인들 앞에 나서면 주눅이 많이 든다. 그놈의 워드인가 하는 것 때문이다. 이제는 컴퓨터로 원고를 작성하지 못하면 바보가 되고 만다. 하기야 검지 두개로 힘들여 톡톡 치는 독수리 타법도 컴맹 부류에 속하기는 매한가지라니 더욱 할 말이 없다. 나는 종이에 펜이 닿는 소리를 좋아한다. 마치 미풍이 마른 풀잎을 스치는 듯 사각사각하는 그 소리를 사랑한다. 또 펜을 쥔 손아래 부위가 종이에 닿아 약간의 저항을 받으며 미끄러지는 촉감에서 원고가 잘 쓰이고 있음을 실감한다. 그래서 아직도 초고는 꼭 펜으로 쓰고 있다.

사실 종이와 펜을 활용하면 장소나 때를 가리지 않고 아무 곳에서나 글을 쓸 수 있어서 아주 편리하다. 또 나중의 퇴고推敲를 위해 한 줄을 쓰고 다음 줄을 쓸 때 그 행간을 마음대로 띄워 두기가 쉬워서 나에게는 안성맞춤이기도 하다. 이렇게 써 둔 작품들을 손가방에 넣고 다니며 수시로 꺼내 본다. 잠 안 오는 밤이나 일과 중에도, 심지어는 원고를 손에 쥐고 밥을 먹기도 한다. 한심하게 여겨지던 초고가 시간이 흐르면서 제법 읽을 만한 작품으로 변해 가는 모양을 지켜보노라면 참 재미가 있다. 이 즐거움을 그만두라면 아마 나는 글쓰기를 포기할 수밖에 다른 선택이 없을 것이다.

솔직히 말해 자고 나면 눈이 핑핑 돌아가는 정보화시대에 나 같은 사람은 살아가기가 고단하다. 홍수처럼 쏟아지는 최신 전자제품 속에서 엉거주춤 사는 일도 불편하거니와 이런 문명에 계속 적응할 수 없게 된다면 결국은 남들에게 뒤쳐질 것이라는 걱정에 심난하기까지 하다. 하지만 타고 난 것을 어찌할까, 사람이 어떤 일을 해야겠다고 생각은 하고 있어도 행동이 따르지 못하는 경우도 얼마든지 있지 않은가? 어쩌면 행동으로 옮기지 못하는 내 마음속에는 발전한 문명으로 인하여 내 취향도 빼앗겨 버리고, 하고 싶지 않은 일마저도 억지로 해야 하는 환경이 못 견디게 싫다는 생각이 강하게 자리잡고 있는지도 모르겠다.

역사적으로 보면, 아무리 막강한 힘을 가진 생물체라도 한 부분만이 지나치게 빨리 발전해 버리면 반드시 파멸하고 말았다. '지금의 사람들이 가슴은 자꾸 졸아들고 머리만 커져 가니 이래 가지고야 다가올 미래를 탈 없이 잘 살아 갈 수 있겠는가.'라고 항변해 보아도 아무 소용이 없다.

나는 이따금 원시 시대를 그리워하고 원시인을 부러워한다. 좋은 사냥감을 만나 성공하면 배불리 먹고 실패하면 맑은 물을 대신 마셔도, 나무 막대기를 땅에 부딪치며 그 소리에 맞추어 춤을 출 수 있었던 시절. 사랑하는 사람에게 다이아몬드 대신 잘 생긴 조약돌을 정표로 주어도 탈 없이 백년가약을 맺을 수가 있었고, 남편이 걸어준 예쁜 조개껍데기 목걸이를 평생토록 몸에서 떼지 않는 여인들이 살았던 시대. 아, 그런 세상에서 보다 단순하게 생각하며 좀 미련스럽게 살고 싶다.

소위 말하는 첨단 과학의 시대에서 어쩔 수 없이 이방인으로 살아가는, 그래서 삶에서 늘 한 박자 늦은 사람들이 남의 눈치 보지 않고 마음 놓고 살, 동화 속에 나오는 왕국 같은 곳을 어디 가면 찾을 수 있을까? 다행이 나와 따뜻한 정을 나누며 살고 있는 문인들 가운데는 나보다도 더 구식인 사람들이 많아 큰 위안으로 삼고 있다.

만일 내가 뛰어난 우주 과학자라면 타임머신을 한 대 만들고 싶다. 아니 꼭 만들고 말 것이다. 그리하여 옛날로 돌아가고 싶어 하는 희망자를 모두 불러모아 그들을 싣고 거침없이 먼 과거로 날아가 오래도록 신명을 내어 볼 작정이다. 하지만 이러한 엉뚱하기 짝이 없는, 만화 같은 꿈을 아직도 꾸고 있는 나를 주위 사람들이 아무리 좋게 봐주려 해도 좀 모자라는 사람으로 보게 되지 않을까 은근히 걱정도 된다.

한풀이 마당

흔히 사람들은 제 가슴속에 한이 맺혀 있으면 병으로 발전하기 쉬우니 가능한 한 빨리 풀어버려야 한다는 생각을 가지고 있고, 실제로도 마음속에 뭉쳐 있는 응어리를 어떤 방식으로든 풀어내려고 안간힘을 쓰는 모습을 자주 보게 된다.

그러나 권력에 사무친 한이라도 있는 듯, 가족이나 주위 사람들의 간곡한 만류나 그들이 받게 될 고단함에는 전혀 아랑곳하지도 않고, 선거철만 되면 혼자 안달을 내고 있는 정치인을 보면 안타까운 생각이 든다. 또 아이의 장래를 위한답시고 억지로 어린 자식을 닦달해서 유학을 보내기에 급급한 학부모들을 만나면 답답한 마음에 한숨만 나온다. 지금 우리 사회에 불고 있는 조기유학이란 열풍은 결과적으로 '기러기 아빠'라는 한숨과 눈물의 신新가족사를 쓰도록 만들고 있지만, 무모하고도 경쟁적이라 할 수밖에 없는 교육열기 때문에 좀처럼 개선될 기미는 보이지 않는다. 뿐만이 아니다. 애초에 도덕이나 윤리 같은 잣대는 멀찌감치 치워두고 돈 버는 데만 혈안이 되어 날뛰는 사람들은 갈수록 부정부패의 중심에 자리잡게 되었다. 이런 이유로 보통 사람들의 삶이 재미있고 따뜻하기는커녕 마치 약탈의 현장에서 있는 듯한 착각을 일으키기도 한다.

끼니도 못 이어온 가난 때문에 생겨난 한을 수단과 방법을 가리지 않고 풀어내고야 말겠다는 결의로 닥치는 대로 돈을 긁어모아 부자가 되었는데, 되돌아보니 가족관계는 엉망이고 주변에는 원수진 사람들만 진을 치고 있다고 상상해 보자. 또 자기가 못 배운 한을 자식을 통해서 해결하겠다고 아이의 적성이나 소질은 무시해 버린 채 오로지 공부 공부! 하고 외쳐대며 무리하게 밀어붙였을 때, 자식이 그 일로 인하여 깊은 상처를 입고 불행에 허덕이게 된다면 어찌할 것인가?

어린 시절 열악했던 제 성장환경 때문에 주위로부터 멸시받았다 하여 사회 전체를 저주하고 불특정 다수를 향하여 분노를 폭발시켜 보기도 한다. 그러나 속 시원하게 해결된 것은 하나도 없고 오히려 제 자신이 범죄자의 멍에를 질 수밖에 없었을 것이다. 또 권력에 핍박받았다는 억울함을 내세워 수단과 방법을 가리지 않고 권력을 얻은 사람이 그 권력을 빌미로 약한 자를 억누르고 거드름을 피워 보아도 속이 후련하기는커녕 뒤에 남는 것은 허무뿐이고 주위로부터 원망을 한꺼번에 받기 쉽다.

이렇게 제가 품고 있는 한을 풀기 위해 그 한을 가지게 만든 원인을 굴복시켜 제 발 밑에 깔아뭉개거나, 그것을 쟁취하여 잔뜩 움켜쥐고 그 힘을 행사하다 보면 자연히 한이 풀릴 것이라는 생각은 애당초 잘못된 것이다. 만일 제가 당했다고 생각하는 한의 원천에서 담담하게 벗어나지 못한다면, 한풀이를 하기 위해 아무리 몸부림쳐 보아야 스스로의 한에 갇혀 도리어 더 큰 상처만 입고 말 것이다. 더구나 이런 한풀이를 잘못하게 되면 더 많은 사람들에게 새로운 한을 남겨, 자칫 우리 사회를 거대한 한풀이 마당으로 만들어 버릴 우려도 있을 터이다.

그러므로 자기에게 한을 제공한 특정적인 환경이나 조건에 대해 객관적으로 바라보고 새로운 방향으로 한을 극복해 나가려는 마음을 가질 필요가 있다. 하여 지금 가지고 있는 한보다도 더 깊은 곳으로 가라앉아 참고 참는 가운데 한 단계 상승된 방향으로 해결 방법을 찾아보는 게 좋은 길이 되리라 생각한다.

예를 들면, 가난에 한 맺힌 사람이 진정으로 '돈'에 대한 한 풀이를 하자면, 우리 사회에서 가난하다는 이유만으로 핍박받고 서러움 당하는 처지에 있는 사람들을 줄여 가는 일에 동참하거나 잘못된 부의 분배문제를 바로 잡는 데 힘을 보태야 한다. 아니면 제대로 돈을 벌어 멋지게 사회에 환원하는 차원 높은 자기 성취를 통하여 스스로 한 맺힘을 해결해 나가든지. 이런 방법을 선택하는 데는 권력에 한 맺힘이나 배움, 가문의 영광과 같은 다른 종류의 한에 있어서도 마찬가지일 것이라 생각한다.

평생을 발바닥이 불어터지도록 온갖 행상을 해 가며 힘들게 모은 돈 전부를 '당신이 못 배운 게 한이 된다'고 장학기금으로 희사한 어느 할머니의 얘기. 또 불의의 교통사고로 자식을 잃은 아버지가 받은 보상금에 자기 돈까지 보태어 교통사고 줄이는 일에 쓰이기를 바라면서 내어놓는 행위들은 우리네 한풀이 마당에 좋은 치료약이 될 것으로 보인다.

나의 주례

간혹 내가 주례를 맡게 되었다는 말을 들으면 아내는 펄쩍 뛴다. 이처럼 아내가 완강히 반대하는 이유는 매우 간단하다. 내가 유명인사가 아니라는 것이다. 적어도 주례는 그 지역의 국회의원이나 관청의 높은 사람, 아니면 TV에 얼굴이라도 자주 비치는 그런 사람들이어야 격에 맞는다고 믿고 있는 모양이다. 그래서인지 아내는 내가 집례했던 결혼식에 한 번도 와 준 적이 없다.

이처럼 아내에게까지 철저히 외면당하고 있으니 나의 주례 솜씨가 형편없을 것이라고 지레짐작을 하면 곤란하다. 이래 보아도 내가 처음 주례를 맡았던 때가 30대 후반이었으니 지금까지 쉬엄쉬엄 주례를 섰다 해도 벌써 초보 딱지는 떼고도 남았을 세월이라서 하는 말이다. 당시 나는 제법 큰 회사의 영업부장으로 일하고 있었는데, 회사와 거래를 하고 있던 한 고객의 장남 결혼식에서 주례를 맡아보게 되었던 것이다. 혼주가 먼 타지에서 그곳 시골 마을로 흘러 들어와 오직 가축

기르는 데만 마음을 두고 살아온 까닭으로 주례를 부탁할 만한 곳이 영 마땅치 않았던 사정을 차마 모른 체 할 수가 없었던 까닭이었다.

나의 첫 주례 모습은 지금 생각해도 웃음이 절로 나온다. 새파랗게 젊은 사람이 유행 따라 머리는 길게 기르고 뾰족구두에 굵은 뿔테안경까지 꼈으니, 아마 어느 만화에 나오는 주인공 같아 보였을 것이다. 다행히 큰 실수 없이 식을 마치게 되었지만, 사실 당사자인 신랑보다도 내가 더 정신이 없던 날이었다. 이렇게 시작된 나의 주례는 이후로도 간간이 이어졌다. 하기야 내게 주례를 맡기는 사람은 사회적 연줄이 신통치 않거나 나와 막역한 친구나 후배들, 또는 우리 회사 직원들이 전부다. 말하자면 나로서는 군말 않고 성심을 다해서 주례를 맡아 주어야 할 그런 사람들인 셈이다.

대체로 사람들은 주례를 결정함에 있어서 가능한 방법을 다 동원하여 유명인사를 택하려 애를 태운다. 그러나 따져보면, 주례 세우는 일을 놓고 지나치게 신경을 곤두세워야 할 필요는 없을 것이다. 주례는 그날의 주인공이 아니라 어디까지나 예식이 원만하게 진행되도록 이끌어주는 집례자執禮者일 뿐이기 때문이다. 하여 주례는 신랑 신부의 은사이거나, 평소 알고 지내온 좋은 인생의 선배면 족하다고 생각한다. 또 그 결혼을 진정으로 축복하고 앞으로 그들이 살아가는 데에 관심을 기울여 줄 수 있는 사람이면 더더욱 만족해야 할 것이다.

사실 유명한 사람을 주례로 내세우고, 아무개가 주례를 맡았다고 소문을 내어 보아도 돌아오는 것은 특별할 게 없다. 만약 주례의 명성에 따라 신랑 신부의 운명이 결정될 수만 있다면 무슨 짓을 못하겠는가? 미안한 말이지만 사람들은 지난 일들을 잘 잊어버린다. 더구나 남의 결혼식에서 있었던 일을 시시콜콜 기억해 주는 사람은 거의 없다. 누가 주례를 맡았던 간에 며칠만 지나면 까맣게 잊어버리고 또 다른 지인들의 결혼식에 참석하기 바쁜 게 요즈음 사람들의 일상이다. 그러니 결혼식은 진정으로 신랑신부를 위해 꾸미고, 그들이 바라는 쪽으로 뒷받침해 주는 것이 여러모로 좋을 것 같다.

근래에는 고위 공직자가 주례를 서는 일이 없도록 조례가 바뀌어져서, 주례를 부탁 받아야 할 위치에 있는 사람들은 도리어 편안하게 여기기도 한단다. 그러나 엉뚱한 결과로 예식장마다 전문 주례자가 새로운 직업으로 자리를 잡았다 하니 아이러니가 아닐 수 없다. '누구다' 하면 알아볼 만한 유명인사를 주례로 세우기 위해서는 사돈의 팔촌이라도 동원하던 세태에서 갑자기 태도가 달라진 것이다. 그만그만한 사람을 주례로 삼기 위해서라면, 굳이 번거롭게 여기저기에 부탁을 해서 따로 신세질 필요가 없다고 보는 사람들이 예상외로 많단다. 말하자면 얼마간의 사례비를 주고 주례를 잠시 빌리는 편이 더 자유롭고 손쉽다는 것이니, 아둔한 나로서는 이를 어떻게 해석해야 할는지 가늠이 잘 되지 않는다.

그래서 그런지 결혼식에서의 주례사는 여기서 들어봐도 그렇고, 저기서 들어봐도 그게 그것 같은 내용뿐이다. 아무리 좋은 말을 청산유수같이 쏟아 내어도 천편일률적이거나 형식에 얽매인 주례사는 듣는 이로 하여금 감동은커녕 지루함을 느끼게 한다. 이런 경우 가뜩이나 소란스러운 결혼식장 분위기가 더욱 시장바닥처럼 되어버린다. 결혼식은 결혼식대로 흘러가고 하객들은 옆자리의 사람들과 인사하기에 바쁠 뿐이다.

내가 주례를 맡게 되면 적어도 결혼할 당사자의 직업이나 가정환경 장래희망 따위를 넌지시 알아본다. 또 가능하다면 신랑 신부의 장점과 특기, 두 사람이 맺어질 때까지의 좋은 에피소드가 있으면 기록해 둔다. 그리하여 그들에게 알맞을 주례사를 만들어 나가다 보면 위의 내용들이 유용하게 쓰이기도 격려와 용기를 주는 데 도움이 되기도 한다. 또 주례사를 할 때도 신랑 신부에게 어떤 점을 부각시키는 게 제일 좋을까를 먼저 생각한다. 그리고는 그 주제에 해당되는 교훈적이고도 재미난 얘기를 골라 말머리에 둠으로써 하객들의 관심을 한껏 기울게 만들고는, 그 분위기가 숙지기 전에 주례사를 마쳐버리는 기법을 즐겨 쓰는 편이다.

나는 큰 아이를 장가보낼 때, 평소 마음에 두었던 선배 문인에게 주례를 부탁했다. 흔쾌히 응해주신 그 선배께서는 한지에 붓으로 쓴 두루마리를 펼쳐가며 주례사를 읽어 주셨다. 참으로 고마운 일이었다. 아이가 딴 살림을 차려 나갈 때 그것을 사성四星과 함께 고이 싸서 보냈다. 아마 오래오래 보관될 것이다.

만일 이후라도 나에게 기회가 온다면 특별한 사정이 없는 한 나는 기쁜 마음으로 주례를 맡아 줄 작정이다. 또 이처럼 내가 주례를 서게 되는 일도 나와는 끊을 수 없는 인연의 고리 때문이라 믿고 더욱 성심을 바칠 각오가 되어 있다.

'억'판

나는 직업상 작고 정밀한 숫자에 매달려 산다. 그래서 단위가 큰 숫자를 만나게 되면 먼저 거부감부터 생긴다. 하지만 요즈음 같은 세상은 아침에 눈을 떠서 잠자리에 들 때까지 어쩔 수 없이 큰 숫자의 놀음 속에서 살아가게 되어 버렸다. 그렇다고 내가 지금까지 해 오던 일을 팽개쳐 가며 살 형편도 아니고, 시류를 따를 생각 또한 없으니 체념이라도 해버리는 게 속 편하지 싶어 마음을 다스려본다. 하지만 큰 숫자가 만들어 내는 세상이 갈수록 가관이라 참아내기가 여간 힘든 게 아니다.

우리 사회의 구석구석에서는 매일같이 턱도 없는 숫자노름이 기세 좋게 판을 벌리고 있다. 어린아이들의 놀이용 딱지에 적힌 숫자는 백이 아닌 백만 단위가 기본이고, 청소년들이 주로 사용하는 사이버 머니도 튀겨져 있기는 매한가지다. 심지어 사기나 횡령, 노름과 밀수, 뇌물이나 부정에 얽힌 돈 단위도 억대가 아니면 뉴스나 신문 기사거리도 되지 않을 만큼 통이 커진 세상이다. 오늘 아침에도 서울 강남의 30여

평짜리 아파트가 10억 원을 호가한다는 뉴스가 판을 친다.

이렇게 사방에서 억! 억! 하다 보니 숫자에 대한 감각조차 마비되어 버렸는지, 모두가 '억'이란 숫자를 제집 강아지 이름처럼 불러댄다. 세상이 가히 억億판이 되어 버린 셈이다. 제 손으로 돈이라고는 한푼 벌어보지 않은 사람도 입으로는 쉴 새 없이 억으로 놀고, 100만 원짜리 최저 봉급생활자가 억을 우습게 여긴다. 집에서 살림만 하는 전업주부도 거침없이 억을 노래하는 세상이 된 지 오래다.

실제로 제 형편은 그렇지도 못하면서 '억'이라는 눈금이 촘촘히 그려진 잣대로서 세상일을 재단하려 달려드니, 사는 일이 하나같이 마음에 찰 리가 없다. 웬만한 것은 눈에 들지도 않고 만족하지도 않는다. 일견 하찮기 짝이 없는 것들이 모여 크고 위대한 것을 만들어내는 인생살이의 소중한 교훈이 일상에서 맥없이 밀려나고 있는 셈이다.

요즈음의 광고를 보면 곳곳에 '대박'이란 말이 주렁주렁 달려 있다. 운수 대통하여 큰 횡재를 하게 된다는 뜻으로 쓰이는 용어일 것이다. 아마 기성세대는 물론이거니와 벤처 기업을 기웃거리는 새내기 젊은이들의 머릿속에도 대박의 기대로 가득 차 있을 성싶다. 더욱이 이제 막 정신적으로 성장하기 시작하는 청소년들의 눈과 귀마저 온갖 방법을 다 동원해서 대박으로 채워 놓기에 열심인 세상이다. 이런 풍조 때문인지 온 국민이 간절히 바라는 꿈, 그게 바로 횡재 꿈이다. 그래서 꿈 해석에 용하다는 집이 문전성시라고 한다.

사실 프로이드의 정신분석학을 십분 활용하더라도 꿈에 대한 해석은 결코 수월한 일이 아니다. 그만큼 인간의 정신활동은 복잡하고 꿈을 이루는 요소들 또한 단순하지 않기 때문이다. 하나 돼지꿈을 꾸거나 조상님이 나타나 숫자를 암시했다면, 당첨이란 엄청난 행운을 기대하며 허겁지겁 복권을 사러 나가는 게 우리들 사는 모습이다. 물론 이런 변화의 주범이 보통의 복권을 또또복권으로 바꾸고, 그것을 다시 로또복권으로 둔갑시켜 당첨금을 수십억 원으로 튀겨낸 당국자이겠지만, 책임지는 사람은 아무도 없다.

사실 나는 복권 같은 것을 잘 모른다. 내 돈으로 복권을 구입해 본 적이 아직 한 번도 없으니 말이다. 그런데 며칠 전에 딸애가 기막히게 좋은 꿈을 꾸었다고 제 어미까지 부추겨가며 상당 금액의 로또복권을 사겠다고 서두르는 것을 보면서도 적극적으로 말리지 못했다. 일확천금을 꿈꾸는 허황한 날갯짓이 우리 사회의 곳곳을 노리고 내 가정에까지 침투해 왔지만 나 또한 멀건이 바라보고 있었다는 얘기가 될 터이다. 하기야 어려운 처지의 사람들 중에는 푼돈만 생기면, 행여 뒤에 남는 자식들에게 돈벼락이라도 안겨줄 행운이 주어지지 않을까 하는 기대를 가지고 죽는 순간까지도 복권 사기를 쉬지 않는 사람들이 적지 않다 한다. '국민을 위하여'라는 말을 입에 달고 사는 소위 사회 지도자라는 사람들이 이런 기막히고 딱한 사정을 상상이나 하겠는가?

주식시장에 묻지마 투자가 성행하고 있다는 것도 많은 사람들이 불로소득의 유혹에 빠져 있다고 보아야 할 또 다른 측면이다. 솔직히 말해 지금 같은 투자 행위는 대부분 돈 놓고 돈 먹는 노름이지 제대로 된 투자라 할 수 없을 것이다. 주식시장이 모처럼 활황을 맞아 일렁이기 시작하면 온 사회가 둥둥 떠서 춤을 추는 느낌이고, 불황을 맞아 가라앉으면 그와는 정반대가 된다. 이렇게 주식가격에 따라 사회 분위기가 요동을 친다면 결코 정상적인 사회라 할 수 없을 것이다. 지금 우리가 살아가는 세상은 투기와 투자가 혼동되고 노력과 요행이 구분 없는 가운데, 날마다 세력을 키워 가는 '억'판 노름에 해가 지고 달이 뜬다고 말해도 지나치지는 않으리라.

내가 어렸을 때는 모기를 쫓는다고 쑥대를 태우면서 멍석에 벌렁 드러누워 캄캄한 밤하늘에 영롱하게 열린 별을 오랫동안 헤아렸고, 어쩌다 하나씩 떨어지는 별똥별이 행운을 갖다 줄 것이라 믿으며 서로가 그것을 먼저 보았노라고 큰 소리로 다투기도 했지만 지금보다는 행복했었다. 또 번번이 동네 잔칫날이 되어버리는 운동회였지만 그날을 손꼽아 기다렸고, 소풍 가는 날에 신으라고 미리 사다 놓은 신발이 너무나 신고 싶어서 하루를 열흘처럼 셈하곤 했었다. 어쩌다 어머니가 주신 동전 몇 개가 호주머니 속에서 짤랑대는 날, 나는 그 소리만으로도 남부럽지 않은 부자였었는데…….

이제 세월도 많이 가고 세상 또한 엄청나게 변하여 그런 낭만이 깃들인 숫자들에 대한 기억은 나에게서 아득히 멀어지고, 하루에도 수십 번씩 뻥 튀겨진 억대의 숫자를 듣고 보는 현실 앞에 도망가지도 못하고 마주 서 있다. 말하자면 내가 싫든 좋든 당장 뒤쳐지지 않는 사회 구성원으로 살아남기 위해서라도 하루속히 큰 숫자에 대해 아부도 하고 사랑을 바치기도 해야 할 처지다. 하지만 아무리 마음을 다잡아도 좀처럼 그놈들에게 다정하게 다가가거나 머리를 조아리지 못하고 있다. 내가 변해야 일상이 편리할 시대에서 내가 변하지 못하고 있으니 사뭇 고단한 일이 아닐 수 없다.

그러나 나는 요즈음 들어 생각을 적극적으로 바꾸고 있다. '되지도 않을 일, 공연한 고생 사서하지 말고 차라리 '억'을 주제로 노래하기를 미련 없이 포기하자'는 방향으로 가고 있다는 뜻이다. 더구나 지금의 내 나이를 감안한다면 설령 내가 노래를 잘 부른다고 해도, 삼가고 또 삼가야 할 처지가 아니겠는가.

정글의 법칙

불행하게도 우리 사회는 법보다 힘이 우선하여 사람들을 지배하는 경향이 있다. 이런 흐름 속에서 남들 위에 버티고 섰거나, 제법 성공했다는 사람들은 입버릇처럼 강자의 논리를 앞세워 왔다. '경쟁 사회란 오직 힘이 지배하는 정글의 법칙이 적용되는 곳과 같으니 무조건 힘을 길러 출세부터 하라'고 윽박질렀다. 그들은 이런 주장을 통해 자기를 정당화하려 했는지는 모르지만 천만의 말씀이다. '정글의 법칙'을 단순한 약육강식의 현장처럼 내세우는 것은 어디까지나 그들의 생각일 뿐 사실은 그렇지가 않다. 그 법칙은 강자만의 생존법칙이 결코 아니다. 정글은 강자는 물론 약자도 함께 살아갈 수 있는 '공생의 법칙'이 철저히 적용되고 있는 곳이기 때문이다.

물론 아름다운 초원에 집을 짓고 사는 동물의 세계에서도 생사를 건 투쟁이 있다. 울창한 밀림 속에서도 먹고 먹히는 처절한 싸움이 날마다 계속되는 것도 사실이다. 하지만 그것들은 서로가 서로에게 목숨을 기대고 살아가야 하는 공생의 관계임을 직감적으로 알고 있다. 밀림의 왕, 사자가 영양羚羊 한 마리를 사냥하여 먹고 나면 하이에나 같은 동물이 달려들어 나머지를 먹게 되고, 독수리가 뼈에 붙은 살코기를 또 나누어 먹는다. 그러고도 남겨진 부분은 썩어 거름이 되고, 영양을 먹은 짐승들의 배설물 또한 흙 속의 양분으로 된다. 여기서 만들어진 자양분을 빨아먹고 풀과 나무가 자란다. 그 자란 것들을 다시 영양이 뜯어먹고 생명을 빛내고 후손을 번식시켜 나간다.

밀림에서는 어떤 종류의 맹수라 해도 결코 재미로 사냥하지 않는다. 먹이를 숲 속에 쌓아두기 위해서 잡은 영양을 버려두고 또 다시 사냥 길에 나서지 않는다. 그래서 수많은 먹이감들이 눈앞에서 한가롭게 풀을 뜯고 있더라도 한동안은 못 본 척 내버려둔다. 이처럼 동물의 세계에서는 한 생명이 다른 생명을 함부로 빼앗지 않는다. 오직 배고플 때만 살기 위해 사냥할 뿐이다. 그래서 '동물의 세계'에는 절대 강자도 절대 약자도 없다. 다만 '먹이 사슬에 의한 순환의 이치'가 삶을 지배하고 있을 뿐이다. 유일한 약탈자인 인간이 그 사슬을 일부러 깨지만 않는다면, 생명의 연결 고리들은 오묘한 조화와 질서로써 동물세계의 평화를 원만하게 유지해 살 것이다. 각사의 천직大敵과 먹을 것의 양에 따라 저들의 무리수를 스스로 결정해 가면서 말이다.

우리는 TV를 통해 '동물의 세계'란 프로를 재미있게 본다. 왜 그럴까? 동물들은 자연에 순응하며 자연의 한 부분으로 살아가기 때문일 것이다. 자연처럼 산다는 것은 순간순간을 있는 그대로 최선을 다한다는 뜻이기도 할 터이다. 커다란 사자가 비록 한 입 거리도 되지 않을 멧돼지 새끼를 좇더라도 전력을 다하는 모습을 본다. 반대로 쫓기는

멧돼지는 지레 겁을 먹고 주저앉아 버릴 것 같아도 절대 그렇지 않다. 끝까지 있는 힘을 다해서 달리고 또 달린다. 그곳에서는 제가 가진 능력을 다 쏟아내는 공정한 경쟁이 있을 뿐이다. 그래서 산 짐승의 목줄을 끊어버리는 잔인한 광경을 보면서도 오히려 아름답게 느끼게 되는 것이리라.

우리는 외국 여행길에서 입맛이 씁쓰레한 구경을 더러 하게 된다. 보트만한 악어에게 닭을 산채로 던져주어 냅다 한 입에 잡아먹히는 어이없는 꼴을 보여주고 돈을 받는다든지, 호랑이 같은 맹수를 울 안에 가두어 두고, 비실비실하는 짐승을 억지로 집어넣어 단 몇 번의 공격에도 비명 한 번 제대로 지를 새도 없이 힘없이 쓰러지는 광경을 보여주는 경우이다. 아무리 훌륭한 관광상품이라고 선전을 해대도 이런 장면은 한 번 보는 것으로 족하지 두 번 보려는 사람은 거의 없다. 왜냐하면 그 게임은 공정하지도 또 정직하지도 않기 때문이다. 사람이란 원초적으로 공정하고 정직한 것을 선호한다고 생각한다. 그래서 비록 어쩔 수 없는 상황에서 즉흥적인 행동을 한 사람도 곧 후회하고 마음에 부담을 느끼게 되는 것 아니겠는가?

하지만 갈수록 우리 사회에서는 순리에 역행하는 일이 다반사로 일어나고 있고, 이에 잘 적응하지 못하는 평범한 사람들은 사는 일에서 피곤함을 느끼거나 짜증스러운 마음을 가지게 되는 것 같다. 그런데도 소수의 사람들은 이런 관광상품 같은 방식을 동원하여 다른 사람들의 눈을 속이고 부를 축적하면서도 되려 큰소리치는 일을 그치지 않는다. 심지어는 자연을 파괴하고 생명을 경시하는 방법을 통해서라도 이름을 얻고 출세하려 든다. 어디 그뿐인가. 조금이라도 권력을 더 키우기 위해 강한 자에게는 끊임없이 줄을 대려 눈치를 보면서도, 약한 상대방은 핍박하기를 주저하지 않는다. 배부른 자가 배고픈 자보다 더욱 허기져서 아우성치는 꼴도 신물나게 보고 있다.

그 알량한 돈 때문에 부모를 먼 곳에 내다 버리고 형제를 죽이거나 동료를 배신하는 뉴스에 무감각해질 판이다. 돈을 뺏기 위해 저항할 힘이 약한 부녀자들이나 어린 아이를 상대로 한 철면피한 범죄가 좀처럼 숙어들 줄을 모른다. 심지어는 순수해야 할 학생들의 세계에서도 폭력이 난무하여 강자 우위의 환경이 조성되고 '왕따'라고 불리는 놀림감을 만들어 집단적으로 괴롭히는 경우가 적지 않다 한다. 죽음보다 더 깊은 절망의 심연에서 헤어나지 못하는 피해 학생을 껴안는 따뜻함보다 서로의 체면 때문에 쉬쉬하고 있다니 누구를 탓하고 누구를 원망하랴.

'인생이란 목에 힘을 빼는 과정'에 지나지 않는다는 어느 선배의 말에 한참이나 고개를 끄덕였던 기억이 떠오른다. 도대체 마음 내키는 대로 남을 무시하고 억압해도 괜찮은 사회의 한계점은 어디까지일까? 삶이란 결국 제 스스로가 아닌 또 다른 삶에 의해서 유지되고 보호받게 마련이고, 이러한 삶의 원칙에 가장 충실한 것이 자연의 세계이다. 만일 모든 사람들이 '정글의 법칙'을 올바르게 이해하기만 해도 세상은 한결 살기가 나아질 것이다.

새로운 얼굴로

새해 첫날에 떠오르는 해를 보기 위해 전국에서 모여든 인파로 동해안 일대가 심한 몸살을 앓았다고 한다. 수십만의 해맞이 객들과 그들이 타고 온 차량들로 해변의 좁은 도로는 온종일 북새통을 이루었단다. 지난 한 해, 많은 사람들이 참으로 어렵게 살아가며 가슴에는 시퍼렇게 멍이 들었으리라. 또 잘 풀리지 않는 사업이나 불안한 일자리를 머릿속에 떠올리며 잠 못 이룬 사람도 부지기수일 것이다. 이런 생각을 해 보면 꼭 그 누구라고 할 것도 없이 간절히 정말 간절히 빌고 싶은 게 많은 세상살이기도 할 터이다.

온 세상을 붉게 물들이며 두둥실 떠오르는 태양에 온갖 시름 태워버리고, 새해의 소원이 이루어지도록 비는 일을 뉘라서 잘못되었다 하리. 그러나 이런 뜻 깊은 해맞이가 유행처럼 번지고 꼭 치러야 하는 연례행사로 되어버려, 너도나도 뒤질 새라 한꺼번에 몰리다보니 가는 길도 힘겹고 오는 길은 더욱 아득하여 체증과 짜증으로 얼룩진 새해의 첫날을 만들고 있다. 한해의 출발이 이래서야 되겠느냐는 걱정이 앞선다.

해돋이는 언제나 신비하다. 찬란하고 장엄하며 아름답기가 비길 데 없다. 초등학교 때 어느 가을날, 나는 경주 토함산에서 난생 처음으로 해 돋는 광경을 지켜보았다. 그 모습이 얼마나 거룩하고 황홀했던지 어린 마음에 그저 멍하니 해만 바라보고 있었다. 무슨 희망을 주워댈 여유도 고함 한번 지를 틈도 없었다. 눈부신 해를 눈부시게 보고 있으려니 어느새 해는 불덩이 같은 벌건 얼굴을 하고 바다 위로 동그랗게 뜨고 말았다. 그러나 그때의 감격은 오랫동안 가슴에 남아 있었다.

그 후, 이상하게도 나는 해맞이 가는 일과는 지독하게도 인연이 없었다. 남들이 다 가 보았다는 동해의 정동진에도, 포항의 호미곶이나 여수 향일암 같은 곳에도 해맞이를 위한 발걸음을 해 보지 못하고 말았다. 또 어쩌다 떠난 여행길에서, 행여 하는 마음으로 솟는 해를 볼 만한 곳을 찾아 새벽같이 올라가도 언제나 시간을 잘못 맞추었거나 짙은 구름이 나보다 먼저 해맞이를 하고 있었다.

세월이 많이도 흘러 60을 넘어선 나이에 단풍이 들기 시작할 즈음 토함산에 올라 용하게도 돋는 해를 다시 볼 기회를 얻었다. 그러나 찬란하고 웅장한 그 모습은 변함이 없었건만 내 머릿속에는 달리는 자동차의 바퀴처럼 온갖 생각이 빠르게 돌아가고, 눈에서는 삶의 욕망들이 안개처럼 피어올라 붉은 수평선에 그늘진 장막을 만들어 내고 있었다. 어린 시절에 보았던 것과 같은 장소, 같은 계절, 같은 해돋이건만 어찌하여 그때의 몸 떨리는 신비함이나 진한 감동의 물결은 흔적도 없이 스러지고 말았는가!

아마 해맞이의 감흥은 육신의 눈에서 오는 것이 아니고 마음의 눈에서 오기 때문이리라. 깨끗한 마음을 가지면 깨끗한 해가 보일 터이고, 어두운 마음이면 어두운 해가 보일 터이다. 마음이 바빠서 쫓기고 있으면 초조한 해를 볼 것이고, 느긋하게 여유로우면 평온한 해를 볼 것이 틀림없다. 새해 첫날의 해나, 무더운 7월 어느 날의 해나 매한가지일 테지만, 마음의 눈에 따라 해돋이는 달라질 수밖에 없을 것이다.

생각해 보면 해돋이만이 아니라 사는 일이 모두 그러하리라. 가슴이 휑하게 뚫려 찬바람이 도는 날, 홀로 산 중턱에 앉아 핏빛으로 스러져 가는 낙조를 보며 뜨거운 눈물을 흘려본 기억이 그대에게는 있으리라. 그러나 영원히 헤어지지 않으리라 맹세한, 사랑하는 사람과 두 손을 마주잡고 행복에 겨워 있을 때는 똑같은 낙조를 보면서도 그 선연한 아름다움에 눈물은커녕 가슴 벅차 소리쳐 기뻐했던 경험 또한 뚜렷하리라. 어떤 사람이 선한 제 결심을 더욱 굳게 다지고 싶은 날이거나, 온갖 고뇌를 불살라 버리고 덕지덕지 앉은 욕심마저 녹여 버리고 싶은 간절한 충동이 솟구치는 날에 혼자서라도 해맞이를 가 보면 어떨까? 아마 모두가 한꺼번에 몰려들어 법석을 떨어대는 정초의 해맞이보다는 훨씬 진한 감동을 받을 수 있을 것이다.

정녕 제 마음속에서 묵은 것을 털어 내고 새것으로 채우는 날, 잘못된 것을 고쳐 다시 출발하는 날이면 모두가 새해 첫날 못잖게 중요한 날이 될 것이다. 일찍이 희랍의 철학자 헤라크레토스는 '태양은 날로 새롭다'라고 갈파했다. 아득한 날 처음 하늘이 열리고 땅이 울던 때부터 태양은 매일같이 새로운 모습으로 떠올랐을 것이다. 해는 깊은 산속에 숨어 있는 어둠의 계곡에 불을 밝히고, 은하수로 몸을 깨끗이 단장한 채 처음 시작하는 마음으로 나날의 아침을 만들어 왔을 것이다. 똑같은 날들이 쉼 없이 되풀이되는 것 같지만 사실은 날마다 다른 오늘, 이 하루를 새로운 얼굴로 가슴 설레며 맞을 수만 있다면, 비록 잠시 잠깐인 이승의 삶일지라도 영원한 시간 속으로 길게 이어져 가게 할 수 있을 것이라고 믿어본다.

연민의 정

"이중섭李仲燮 화백이 일본으로 밀항하기 위해 힘들게 마련한 여비를 지니고 부산으로 내려가 배를 타러 부두로 나가던 중에 웬 중년 아낙네가 땅을 치며 통곡하고 있는 것을 목격하게 되었단다. 이유를 알아보니 그녀의 유일한 재산인 소를 판돈을 소매치기 당하고는 그렇게도 슬피 울고 있었다는 것이었다. 그 말을 들은 이중섭은 품속에 간직했던 밀항 여비를 고스란히 여인의 손에 쥐어주고는 미처 말할 틈도 주지 않고 도망치듯 그 자리를 떠나갔다는 것이다."

이 화백이 보인 이와 같은 행위는 지극히 착한 인간성에 기인하지 않고서는 불가능했을 것이다. 이런 마음 씀씀이는 남의 불행을 자기의 불행으로 여기는 차원을 넘어, 그러한 아픔이나 슬픔이 있게 한 원인이 바로 제 자신에게 있는 것처럼 생각하는 순수한 인간 정신에서 나타날 수 있다고 보아야 한다. 이것이 바로 연민의 정이다. 어쩌면 후에 이런 인간성 때문에 그의 그림이 더 유명해졌는지도 모를 일이다.

그러나 갈수록 우리 주변에서는 연민의 정을 만나기가 어렵게 되어 버렸다. 그런 정이 사라져 세상이 각박하게 되었는지, 세상이 살벌하게 변해 가니 슬그머니 없어져 버렸는지 정확하게 구분지을 수는 없다. 하지만 정상적인 방법이나 정당한 노력 없이 얻어낸 부나 권력을 믿고 안하무인격으로 날뛰어, 상대적으로 분하고 억울한 사람을 적지 않게 만들어낸 결과가 이런 정을 없애버린 중요한 이유가 되었을 것이라고 짐작하고 있다.

하지만 사람 사는 세상에는 그 어떤 경우가 닥치더라도 연민의 정이 꼭 필요하다. 왜냐하면 참으로 딱해 보이는 일을 당한 사람에 대하여 진심으로 가지는 연민의 정은 세상을 따뜻하게 할 뿐만 아니라, 사람들이 희망을 가지고 살아갈 수 있도록 용기와 힘을 주기 때문이다.

지금 우리 사회에서는 자살 문제가 매우 심각하게 대두되고 있다. 특히 먹고살기가 너무 힘들어 자살을 결행하는 경우, 아무 죄도 없는 어린 자식들까지 대동하고 미련 없이 가버리니 큰일이다. 이를 두고 뜻있는 사람들이 함께 걱정도 하고, 심각한 사회문제로 내세워 풀어 보려고 애를 써 보기도 하지만 좀처럼 줄어들 기미를 보이지 않는다.

만일 이 땅에 함께 사는 사람들이 자살하는 사람을 두고 '죽을 용기로 살지 그러느냐'고 비아냥거리거나 '어찌 그렇게 부도덕할 수 있느냐'고 나무라기 전에 그들을 죽게 만든 원인이 우리 사회에 뿌리내려 있고, 그중에는 크든 작든 내가 영향을 미친 부분도 있을 것이라는 치열한 자기반성의 몸짓을 보일 때 비로소 그런 가슴 아픈 자살이 조금씩 줄어 갈 것이라고 믿는다.

선진국이 어떤 나라를 말하는지 나는 조목조목 설명할 능력을 가지지 못했다. 하지만 '선진국의 문턱에 서 있다'고 입만 열면 자랑하는 위정자들의 말과는 달리, 힘있는 사람보다는 기댈 곳 없는 약한 사람들이 월등하게 많고, 빈부격차 또한 점점 더 크게 벌어지고 있다는 사실을 나는 보고 들어서 알고 있다. 그러나 안타깝게도 그런 사실이 문제해결의 핵심을 비껴 나서 오히려 정치나 사회적으로 제 편을 유리하게 만드는 방편으로 이용당하고 있으니 문제가 아닐 수 없다.

또 책임질 자리에 있는 사람이 잘못을 저질렀다면, 제 일신상에 어떤 불리한 일이 생기더라도 그 책임을 통감하고 백일하에 고백할 수 있어야 사회 전체가 희망을 가지고 앞으로 나아갈 수가 있을 것이다. 하지만 이런 진정한 용기를 가진 지도자들조차 다른 나라에 비해 턱없이 부족함을 느낀다. 어떤 나라에서는 일이 터지면 철저하게 제가 책임을 지고 그 다음에 사회적으로 문제를 풀어나가기도 하건만, 우리나라에서는 한결같이 모르쇠로 일관하거나 남에게 핑계 대기에 급급하다.

지금 제가 누리고 있는 풍요로움이 어쩌면 남에게 돌아갈 몫을 억지로 조금씩 더 걷었기 때문일 수도 있겠다는 생각을 간간이 해 주기만 해도 세상은 한결 숨통이 트일 것이다. 이런 마음가짐이 곧 연민의 정이다. 그러므로 각자가 세우는 삶의 덕목에 이런 정을 반드시 끼워 넣는 게 순리가 아니겠는가.

술자리

어떤 술이 좋은 술인지 나는 잘 모른다. 그렇지만 좋은 술자리가 있었던 날은, 마셨던 술의 종류는 정확하게 떠오르지 않아도 그때 벌어졌던 유쾌한 일들은 뚜렷이 남는다. 아무리 비싼 술을 마셨다 해도 그 날의 술값이나 술집의 호화로운 치장보다는 그 분위기가 더 오래 기억되니 이런 현상은 나에게만 국한된 것일까?

직장생활 초기의 내 별명은 '한 병 더'였었다. 내가 거나해지면 술병에 술이 채 바닥을 보이기도 전에 아예 새 병을 옆에 갖다 놓고 잔을 권한 데서 비롯된 애칭이었다. 당시에는 젊은 호기를 앞세워 목로주점이 죽 늘어선 골목 초입에서부터 순서대로 한 집씩 공격하기도 했었고, 더러는 분위기가 쓸 만한 주점이라는 결론이 나면 몇이 힘을 합쳐 선반 위에 올려진 술을 죄다 먹어치우기도 했었다. 그러나 술 마시는 것도 나이에 따라 가는지 이제는 주량도 횟수도 많이 줄어 '한 병 더'의 추억만이 녹슨 훈장처럼 쓸쓸하게 내 가슴에 달려 있다. 돌아보면 그처럼 술을 즐겼으면서도 평생을 두고 기억될 좋은 술자리는 별로 만들지 못한 것 같아 후회막급이다.

요즈음 나는 포도주나 토속주 같은 술을 좋아한다. 맥주를 많이 먹고 나면 다음날 머리가 아프고, 양주는 취기가 빨리 돌아 술이 취해가는 은근한 맛을 모르게 되므로 싫고, 대중주인 소주는 내 체질에 맞지 않는지 구미가 썩 당기지 않는다. 더욱이 행세깨나 한다는 사람들이 술판을 벌이면 으레 즐긴다는 폭탄주가 나하고는 애초부터 거리가 멀었고, 정작 술값보다 부대비용이 더 많이 들어가는 그런 곳도 정신적 부담이 싫어서 담을 쌓은 지 오래다. 장소 또한 복잡하거나 요란한 쪽보다는 가급적 남의 방해를 받지 않고 얘기할 수 있는 곳이면 어디든 상관없다. 같이 술 먹는 사람 숫자도 서넛이 오붓하게 앉으면 기분이 한결 나아진다. 더구나 가벼운 유머와 위트가 곁들여진 정담으로 웃는 빈도가 잦아지면 금상첨화라 해야 하리라.

그러나 세상사가 어디 내 뜻대로만 되던가? 이런저런 모임이 많아진 현대생활은 내가 바라는 바와는 무관하게 색깔이 다른 여러 사람들을 함께 모아 놓는 일이 허다하다. 이렇게 여럿이 술을 함께 마시게 되면 술버릇이 고약한 사람 한둘은 꼭 끼이게 마련이고 그로 인해 재미없는 일이 생기기 십상이다.

일상이 복잡해진 까닭일까, 살기가 팍팍해져서일까? 대체로 술자리들이 거칠고 삭막해졌다. 술에 취하면 평소에 억눌렸던 감정을 폭발시켜 동석한 사람들을 불안하게 만들거나, 상대방의 자존심을 깔아뭉개고 자기만 똑똑해져 버리는 엉터리 술꾼들이 판을 치는 현장을 자주 보게 된다. 다른 사람이 말할 기회는 팔을 휘저어 막아버리고 혼자만

얘기하는 통에 말을 듣는 재미보다 더 많은 스트레스를 받게 되고, 몇 번씩이고 같은 말을 반복하거나 공연히 시비를 거는 경우도 빈번하다. 또 그 자리와는 아무 상관도 없는 사사로운 얘기를 끄집어내어 언성을 높이고 흥분해서 여럿을 어리둥절하게 만들기도 하고, 덧없이 지나간 옛일을 자랑삼아 늘어놓는 사람들이 흔하게 되어버렸으니 과거에 비해 신명이 많이 줄어들었다 해야 할 것이다.

하지만 간혹 취중에 상대방이 비밀스러운 속내를 보이면 맞장구를 치는 척하지만 돌아서서는 싹 잊어주고, 하고 싶은 얘기가 너무 많아 가슴이 꽉 막혀 있는 사람의 얘기를 성의 있게 들어주는 좋은 술꾼도 있다. 지금의 제 심정도 착잡하지만 좌절하고 절망하는 더 어려운 사람에게 정성을 다해 위로하고 격려하는 멋진 사람도, 오랜만의 성공에 어쩔 줄 몰라 하는 친구에게 충심으로 축하와 기쁨을 주는 존경할 만한 주객도 있다. 마음속으로 은근히 그날의 술값을 걱정하며 찜찜한 마음으로 술을 마시게 된 날, 슬며시 빠져나가 얇은 제 지갑을 털어 먼저 계산을 마쳐 놓는 그런 사려 깊은 사람들이 아직도 주위에 남아 있는 덕분에 그나마 좋은 술자리가 이어지고 있다고 생각한다.

밥보다 술을 더 좋아하던 선친께서는 평생 동안 하루도 빠짐없이 술을 드셨다. 특히 술 종류에 관한 한 대단한 고집을 과시하여 일생을 소주만 마신 놀라운 기록을 남기셨다. '연로하여 독주를 드시면 해롭다'고 순한 술을 사다 드리면 내가 돌아간 후 반드시 소주로 바꾸어서 드셨으니 어찌 더 이상 만류할 수 있었으리요. 그러나 술을 마시면 언제나 기분이 한껏 고조되어 더욱 낙천적인 처신을 하신 아버지의 술 사랑이 자식들에게 고통으로 이어질 까닭은 없었다.

또 밖에서 술을 드시지 않을 때는 사랑방에서 가까운 친구들과 자주 술을 마셨는데, 비록 물질적인 풍요로움은 없었지만 언제나 화기애애한 분위기가 차고 넘쳐 옆에서 보는 사람도 함께 즐길 수 있었다. 술잔이 몇 차례 돌고 나면 대부분 역사 속의 인물들이나 고전에 관한 재미있는 얘기로 시간가는 줄을 몰랐고, 사이사이에 즉흥시를 지어 읊조리기도, 시조창으로 은근한 고전적 분위기를 만들어 그 속에 빠지기도 했으니 말이다. 늦도록 이어진 모임이 파할 때까지 고함소리나 짜증 섞인 목소리가 밖에까지 들렸던 적이 내 기억에는 없다. 여든이 넘도록 상당량의 소주를 계속 드실 수 있게 선친의 건강을 지켜주었던 일등 공신도 다름 아닌 '좋은 술자리'였을 것이라고 나는 믿고 있다.

그래서 누가 뭐라던 최고의 술맛은 좋은 분위기에서 비롯된다고 나는 생각한다. 공연히 비싸고 화려한 곳을 찾으려 애쓰기보다는 그 좌석을 한층 더 격조 있게 만드는 일에 마음을 쓴다면 환영받는 술꾼이 될 것이 분명하다. 내가 어떤 술자리에 끼이든 동석한 사람들로부터 손가락질을 받을 만한 술버릇의 소유자는 아닐 것이라고 자부하고 있으니 퍽이나 다행한 일이 아닐 수 없다. 하기야 이런 판단도 내 자신을 믿기보다는 작고하신 아버님의 술자리를 전적으로 신뢰하기 때문이다.

나는 얼마 전부터 시조창時調唱을 배우고 있다. 뒤늦게 이것을 배우는 까닭은 내가 남 달리 소질이 있다거나 시조창이 가진 여러 가지 장점을 십분 활용하여 덕을 보겠다는 욕심이 앞서서도 아니다. 나도 이제는 잔 잡아 권할 사람이 자꾸 줄어들 나이로 접어들고 있으니 변하지 않을 술 동무 하나 미리 만들어 두고 싶어서이다. 달 밝은 밤이나 비 오는 늦은 오후에 거실에 앉아 더욱 가까이 다가와 있는 앞산을 바라보며 문득 술 생각이 간절하다 하여 홀로 적막을 잔에 채워 처연하게 마시는 장면을 연출할 수는 없지 않겠는가. 이런 나에게 시조창은 오래도록 함께 할 동반자로서, 또 좋은 분위기를 연출해 줄 친구로서 가장 적격이다 싶어 노력해 보고 있는 중이다. 아직은 많이 서툴기는 해도 숨을 가다듬고 단전에 힘을 모아 높은 소리를 길게 뽑아내며 눈을 지그시 감노라면, 어느새 나는 심산유곡 거친 바위 위에 앉은 한 마리 학이 된 느낌이 들기도 하니 이 아니 좋으랴!

눈치가 없다

세계는 벌써 일 년이 넘게 이상기후에 시달려 왔다. 엘리뇨 같은 기상이변이 세계를 휩쓴 것이다. 지구촌 곳곳에 폭우가 쏟아져 홍수가 나고 돌풍이 도시를 파괴했다. 인도네시아 같은 곳에서는 가뭄이 몰아닥쳐 거대한 산불을 일으켰고, 그 매연이 아시아 대륙을 어둡게 뒤덮었다. 가공할 위력을 가진 허리케인이 이미 미국을 수차례 강타하여 막대한 인명과 재산을 빼어갔고, 태평양을 기점으로 발생하는 태풍의 숫자도 점점 더 늘어나고 있다.

근래 우리나라의 기후변화도 매우 심각하다. 여태껏 엘리뇨에 별 영향을 받지 않았던 우리가 이것으로 말미암아 난동혹서를 자주 만나고, 때아닌 집중호우와 늦은 봄의 우박이나 새로운 병충해까지 볼 수 있게 되었다. 모기가 특정 지역에서 극성을 부리고, 꿀벌이 대도시를 침범하는 사고마저 빈번하다. 특히 동해 바다의 해저에서는 수온이 계속 올라가고 있는데, '한국에서는 과거 1천년에 걸쳐 일어난 변화가 지난

30년간에 일어났다' 하여 세계 해양학회의 주목을 받고 있다니 아무래도 보통 일은 아니다.

왜 이렇게 되었을까? 학자들은 과학적인 근거를 내세워 복잡하게 풀어내려 하겠지만 내 생각은 좀 다르다. 이러한 현상은 지구의 자정능력自淨能力과 관계가 있기 때문에 기상학적 계산만으로는 만족할 만한 설명을 할 수가 없을 것이라는 게 내 판단이다. 말하자면 과거에 우리를 찾아왔던 이상기후는 지구의 자연스런 몸짓의 결과였다고 믿는다. 마치 사람이 피곤한 몸을 맨손체조라도 해서 풀듯이 지구도 그렇게 주기적으로 몸을 흔들어 균형을 잡아주는 행위를 해 왔던 것이라 본다. 그래서 그의 몸짓이 죽기 살기로 몸부림친 상태가 아니고 좋지 않은 부분을 개선시키려는 자세로 나타난 것이리라.

그런데 요즈음에 닥치는 놀라운 이상기후를 보면 지구의 몸살이 중병으로까지 번지지 않았을까 하는 의심을 갖게 한다. 만일 그렇다면 그 무서운 병이 들도록 한 당사자는 그 누구도 아닌 오늘을 사는 지구인들임에 틀림이 없을 것이다. 지구가 병이 들면 사람들이 뒤따라 병이 들 것이요, 사람의 병은 다시 지구의 병으로 악순환될 것이 뻔한데 사람들은 지구의 병 만들기를 그칠 줄 몰랐던 탓이다.

물론 사람에게 자가치료 능력이 있듯이 지구에게도 자가치료의 능력이 있다고 믿는다. 그러나 사람에게 병이 깊으면 그가 가진 자연 치유력이 힘을 쓰지 못하듯, 지구가 중병이 들면 그 역시 맥을 추지 못하고 자정 노력을 포기해 버릴 것이라 짐작된다. 더욱이 근래에 일어나고 있는 기후를 보면 과거 어느 때보다 변화의 폭이나 강도가 커서 걱정이 아닐 수 없다.

지구가 이렇게 경고의 몸짓을 넘어 과격한 움직임을 자주 보일 때는 그 스스로가 치료할 힘의 한계에 다가가고 있다는 것을 암시하고 있을 것이다. 견딜 수 없는 정점을 향해 숨가쁘게 달리는 이런 지구의 위험을 감지하고, 그에 상응한 노력을 하는 것이 인류에게 주어진 절박한 과제가 아닐까 생각된다.

그런데도 우리는 눈치가 없다. 우리뿐만이 아니고 현대인들이라 이름지어진 사람들 모두가 눈치를 채지 못하고 있는 것 같다. 그 알량한 물질들이 가져다 준 풍요 속에서 눈이 흐려지고 귀가 멀어버린 까닭인가, 아니면 쥐꼬리만한 과학기술을 방호복防護服으로 삼아 오만함을 키워온 탓인가? 만일 지구가 더 이상 참을 수 없어 인류와의 관계를 정리하려 결심한다면, 우리 모두가 잠든 사이에 아주 쉽게 해 치워버릴 것이다. 얼마나 무섭고 소름끼치는 일인가!

늦었지만 지금이라도 얼른 알아차리고 행동에 나서야 한다. 최근에 발생하고 있는 숱한 자연재해가 실제로는 인재로 비롯한 것임이 밝혀지고 있지 않은가. 제발 눈치를 차리자. 인간이 자연을 마음대로 개발하고 파괴할 수 있는 주인이라는 오만한 생각에서 벗어나 인간은 언제나 자연의 품안에서 함께 살아가야 할 존재라는 진실 앞에 한없이 겸손해져 보자.

그리하여 사람들은 자연존중을 최선의 가치로 하여 개발계획을 수립해 나가는 한편, 에너지의 낭비를 막고 건전한 소비생활을 통해 지구에게 자정의 용기를 북돋아 주자. 그래서 자연 따로 사람 따로가 아니라 사람은 자연의 한 부분이라는 사실에 보다 적극적일 때 비로소 지구는 인간과 더불어 건강하게 살아갈 몸짓을 해 보일 것이다.

철모르고 피는 꽃이

기운이 모인 위에 지극한 염원이 깃들이면 생명이 탄생한다 했던가? 그러고 보니 꽃을 보고 싶은 사람들의 간절한 소망이 빈 나뭇가지에 딱지처럼 눌러앉아 있다가 따뜻한 봄기운에 폭발하여 일시에 꽃을 피우게 만드는지 모르겠다. 나 역시 아직 봉오리가 맺히지 않은 나무를 바라보며 올해는 더 예쁘고 더 수명이 긴 꽃들이 많이 피어 주었으면 하는 기원을 보탠다.

출근길에 고개를 드니 눈앞이 꽃길로 활짝 열렸다. 봄이 되면 동대구 나들목으로 가는 꽤 긴 거리는 벚꽃이 피기 시작하면서 장관을 이룬다. 아침 시간이라 늘 쫓기기도 하지만 교통이 복잡하여 다른 차에 신경을 쓰다 보니 자세히 꽃을 볼 여유를 내지 못한다. 그러다가 문득 너무 눈부신 벚꽃구름을 보고 화들짝 놀라 봄을 실감하는 답답한 도시인이 나라는 사람이다.

꽃이 피면 환한 기분에 내 마음이 들뜨기도 하지만, 한편으로는 괜

한 걱정도 생긴다. 절정의 기막힌 아름다움을 눈여겨보기도 전에 꽃이 다 떨어져 버릴까 염려가 되어서다. 꽃이 만개해서 숨막힐 듯한 자태를 뽐내는 기간이 며칠이나 된다고 그것마저 시새움을 받아야 하는가 생각하면, 바람이 사납게 불거나 때아닌 비가 내리면 속이 상한다.

요즈음 어렵게 짬을 내어 소문난 꽃 축제를 찾아가 보면, 아직 꽃이 피지 않았거나 진 뒤가 태반이다. 그만치 꽃이 피어나는 시기를 제대로 맞추기가 어렵게 되어버린 세상이다. 과거에는 계절 따라 피는 꽃의 종류와 지역이 나름대로 구분되어 있었는데, 이제는 그런 것마저 불명확해지고 제철을 모르고 피는 꽃조차 흔하게 보이니 당혹스럽기까지 하다.

내가 자주 다니는 도로 주변에서도 겨울에는 개나리가, 늦은 봄이면 코스모스가 피어 하늘거리는 모습을 보는 일이 어렵지 않게 되었다. 이런 현상을 두고 급속한 도시의 발달이나 인구의 증가, 대량 소비생활의 확대가 식물들이 살아갈 환경을 몰라보게 변화시켰기 때문이라고 설명하는 것이 합리적일 것이다. 그러나 나는 산업화의 영향 같은 이유를 대기보다는, 오히려 지금을 살아가는 사람들의 생각이 꽃에 더 많은 영향을 주고 있을 것이라는 믿음을 가지고 있다.

사람이나 꽃이나 모두가 자연에 속해 있기 때문에 서로가 교감하고 공감할 것은 당연한 일일 터. 단 하루도 쉬지 않고 일어나는 전쟁이나 테러에 잠재해 있는 생명경시와 파괴적 기운이 세상을 뒤덮어 지구의 숨통을 바짝 조이고 있고, 아름다운 것을 그대로 두고 보지 못하는 조급함이나 남의 성공을 배 아파하는 시기심이 세력을 키워 자연계에 나쁜 영향을 미치고 있다고 판단하고 있는 것이다. 이런 부작용으로 해서 여러 가지 정상적이지 않은 현상이 광범위하게 우리 눈앞에서 일어나고 있고, 아름답고 신비스럽기도 한 꽃의 세계에서도 예외 없이 혼란이 발생하고 있다고 여겨진다.

계절을 모르고 피는 꽃은 언제나 나에게 감탄보다는 측은한 생각을 가지게 한다. 왜냐하면 그런 꽃은 제 색깔도 다 내지 못하고 모양 또한 작고 여려서 안쓰러움을 줄 뿐 아니라, 그와 같은 인생도 적지 않은 세상이라는 연상을 불러일으키기 때문이다.

나이가 꽤 들어도 전혀 욕심을 줄이지 못하고 사소한 일에 지나치게 집착하여 추한 모습을 나타내는 사람들을 보면 한겨울에 칙칙한 색깔로 대로변에서 떨고 있는 때 이른 꽃을 떠올리게 한다. 또 분수도 모르고 제 잘난 맛에 아무 곳이나 얼굴을 내밀고 똑똑한 척하는 사람이나, 어쩌다 잡은 권력의 줄을 믿고 안하무인격으로 행세하는 사람들, 재계財界에 혜성처럼 나타났다가 금세 사라져 버리는 사기꾼 같은 존재가 모두 철모르고 피는 꽃 같아 보인다. 이들은 한때 사람들의 눈에 띄어 찬사를 받기도 하지만, 정작 필요한 때에는 제 구실을 다하지 못하고 끝내는 불행을 맞은 경우가 대부분이었다는 사실을 우리 모두는 알고 있다.

만일 우리 사회에서 이런 사람들이 줄어든다면 제 철을 모르고 피는 꽃도 많이 줄게 될 것이라는 게 내 계산법이다. 이런 이유로 나는 내가 봉직하던 회사의 화단에서 만이라도 철모르고 피어나는 꽃을 보지 않게 되었으면 좋겠다는 간절한 바람을 가지고 있었다. 그런데 지난해, 5월에나 보여야 할 장미 두어 송이가 겨울 막바지에 들어 공장의 흰 벽에 기대어 검붉은 핏빛으로 피었다. 또 올 봄에는 오직 한 그루뿐인 커다란 목련이 다른 곳의 목련화가 다 지고 난 한참 뒤에야 겨우 자태를 나타내기 시작해서 나를 어리둥절하게 만들었다.

도시에서 제법 벗어나 골프장과 인접해 있기 때문에 우리 공장은 다른 곳과 비교해 훨씬 쾌적한 환경에 처해 있을 것이라 믿고 안이하게 대처해 왔던 나에게 경종의 메시지를 보낸 것인가. 아니면 회사를 경영하는 나 역시도 처음 먹었던 마음과는 달리 이익에 목말라 움켜쥘 줄만 알았지 놓을 때를 모르는 탐욕스러운 사람으로 변해가고 있으니 정신 차려야 할 것이라는 훈계성의 암시였던가? 엉뚱한 시기에 피어난 꽃을 두고 한동안 생각에 잠긴 덕분으로 내 자신은 물론 공장을 다시 한 번 둘러보는 계기로 삼긴 했었지만…….

나는 우주에 남아 있을 마지막 아름다움의 표본이 꽃일 것이라고 생각한다. 비단 꽃의 한살이가 찰나에 불과하다 할지라도 적어도 인류보다는 오랫동안 대를 이어갈 수 있을 것이라 생각한다. 그런데도 지금 우리는 개발이라는 이름을 빌려 그것들이 살아갈 바탕을 여지없이 파괴해 버리고 있다. 심지어 이름도 알 수 없는 예쁘고 앙증맞은 작은 야생화마저 송두리째 캐어다가 매매하는 일까지 성업을 이룬다니 할 말이 없다.

이렇게 빠른 속도로 꽃이 살아 갈 환경이 계속 악화된다면 우리가 언제까지 자연 속에서 꽃을 볼 수 있을지 의문이 아닐 수 없다. 그리하여 어느 날 갑자기 지구상에서 더 이상 꽃을 볼 수 없게 된다면, 사람도 온전하게 살아남을 수 없지 않겠는가? 비록 제 때를 몰라도, 꽃이 피어나고 있다는 사실만으로도 큰 다행으로 여기고 위안을 삼아야 할 처지에 놓인 현대라는 환경이 그저 위험스럽게만 느껴진다.

세상 속으로

금연이 지켜져야 하는 기차간에서 스포츠머리에 우람한 체격을 가진 한 사나이가 담배를 피운다. 걷어올린 옷소매 아래로 잉크색 장미 한 송이가 붉은 수술을 달고 커다랗게 피어 있다. 옆자리에 있던 어린 아이가 마른기침을 해대지만 동행인 아버지는 아무 말이 없다. 그 사나이의 담배가 타서 꽁초가 되고, 다시 새 담배에 불을 붙여도 기차는 모르는 척 몸을 흔들며 질주한다.

순이네 아파트에 도둑이 들었다. 어쩌다 소리칠 기회를 잡긴 잡았는데, 그 경황 중에서도 '도둑이야!' 하면 아니 될 것 같아서 '불이야!' 하고 소리쳤다. 놀란 사람들은 도망가기에 바빠 정작 도둑이 든 집은 아무도 살펴보지 않았단다. 하기야 도둑이라고 고함쳤으면 모두가 문을 굳게 걸어 잠가 버렸을지도 모를 일이긴 하지만.

장마에 붕괴될 위험이 있는 축대. 구청에다 하소연을 해 봤지만 반복되는 예산타령뿐이다. 매일같이 그 밑을 지나는 사람들이 걱정 끝에 모여 '해당 도로를 이용하는 사람들끼리라도 공동으로 비용을 갹출하여 응급조치라도 해 놓고 보자'는 힘든 결론을 얻었다. 다행이다 싶었지만, 그 후로는 통행하는 사람이 많이 줄어 이러지도 저러지도 못하는 처지로 되어 버렸단다.

프레온가스 때문에 오존층의 곳곳이 뚫려 자외선이 사정없이 내려 쬐는 통에 사는 일이 갈수록 위험해지고 있다는 뉴스가 흘러나오고 있는 미장원. 제 머리 모양을 다시 고쳐달라고 앙탈을 부리는 아가씨의 머리에다 스프레이를 마구 뿌려대는 미용사의 손길이 사뭇 힘차다. 같은 시간 목욕탕에서도 헤어스프레이는 쉴 틈이 없고, 자동차 정비사는 콧노래를 흥얼거리며 에어컨 속의 프레온가스를 하늘로 날려보내고 있다.

영화를 보면서 휴대전화를 켜놓는 사람이나, 사람들이 많이 모이는 장소에서 큰 소리로 전화하는 사람들은 배짱 좋기로 따지면 비슷할 성싶다. 언젠가 공항에서 리무진 버스를 타고 시내로 들어가는 한 시간 내내 휴대전화를 눌러대는 화장 짙은 아가씨 때문에 얼마나 시달렸던지 생각만 해도 끔찍하다. 앞으로 휴대폰의 기능이 더 복잡하고 다양해지면 또 어떤 곤욕을 치러야 할는지 난감하기만 하다.

치솟는 기름 값, 차량 10부제가 실시되자 열흘 중 단 하루를 못 참아서 차 한 대를 새로 사서 '하루용 차'를 대기시키는 사람이 늘어간다. 졸지에 주차장이 모자라게 된 고급아파트 관리소장은 주민의 성화에 못 이겨 '10부제를 해제해 달라'는 진정서를 시청에 접수시킨다. 관리소장이란 직업도 아파트 평수에 따라 그 고단함이 차이가 나는 것 같은 사건이다.

순전히 과시용으로 몸집 큰 중고차를 구입한 사람, 보험에 드는 돈이 아까워 아예 가입을 포기한다. 그러나 그는 더 고급의 가짜차를 만들기 위해 보험에 들어갈 돈의 몇 배를 차 꾸미는 일에 쏟아 붓고는 거리를 씽씽 내달린다. 반면 작은 차를 가진 선량한 사람들은 법을 잘 지키면서도, 주행차선에 바짝 붙어서 가짜 고급차의 눈치를 살피고 있다.

오랜만에 떠난 구라파 여행길, 그 먼 이국 땅 비싼 호텔 방에서 밤새도록 고스톱을 신나게 친다. 정작 다음날 관광버스에 올라서는 하루 종일 꾸벅꾸벅 존다. 일생에 단 한번 있을 법한 귀중한 기회를 시뻘겋게 충혈된 눈으로 간혹 버스 밑바닥만 보는 셈이다. 화투를 좋아하는 습관이 준 선물치고는 졸작 중의 졸작이다.

회사는 힘들어 가쁜 숨을 몰아쉬는데 틈만 나면 골프얘기만 하는 중역도 있다. 어쩌다 월급 주는 날이 일요일에 해당되면 토요일로 앞당기기는커녕 월요일에 지급하는 것이 당연하다고 생각하면서, 새로 출시된 최고급 차를 남보다 일찍 빼 내지 못하면 체면에 관한 일이라고 발을 동동 굴리는 사장도 있다.

돈벌이도 없는 청소년들에게 신용카드를 닥치는 대로 발급해 주고는 연체금은 부모에게 내어놓으라고 독촉한다. 사정이 급박한 부모님들은 그 카드빚 때문에 당사자인 자식보다 더 무거운 한숨과 굵은 눈물로 밤을 지새운다. 날이 갈수록 그런 일이 개선되기는커녕, 컴퓨터 게임이다, 휴대폰 정보 이용이다 하여 부모들을 궁지에 몰아넣고 다그칠 일들을 꾸며내느라 정신이 없다.

제집 아이는 군에 보내면 아니 될 정도로 소중하면서도 남의 집 아이가 일선에 가는 것은 당연하다는 생각이나, 제 딸이 조금만 늦게 귀가해도 길길이 뛰면서 남의 아이가 유흥업소에서 일하는 것은 아무렇지도 않다는 이기주의가 꺾일 줄 모른다. 오토바이의 배기 소리가 총소리 같이 커야 신난다는 심야 폭주족들은 가뜩이나 불면에 시달리는 서민들을 더욱 잠 못 들게 하는데, 오토바이를 소음무기로 개조해 주는 사람은 그들의 아버지뻘이나 되는 사람이란다.

늘 이렇게 재미없는 일들이 반복하여 일어나고 있는 세상 속에서 나는 점점 무감각한 사람으로 변해 가고, 지구는 이 모든 사실을 애써 모른 척하며 그저 열심히 돌아가기만 한다. 그러나 지구촌의 일이란 인간들만의 일이 아닌 지구 전체의 일이요, 지구 전체의 일은 곧 우주의 일임을 아는 사람이 늘어나야 할 것이라는 바람은 있다. 우주를 이해하는 일은 자연을 닮는 일이요, 자연을 닮는 일은 자연처럼 사는 일이고, 자연처럼 사는 사람은 '가장 으뜸가는 지혜'를 지녔다고 생각한다.

재산을 가진 사람들보다는 지혜를 가진 사람들 틈에서 사는 것이 훨씬 더 행복할 것이라는 믿음 때문에, 오늘도 나는 그런 사람들을 찾아 묵묵히 세상 속으로 발걸음을 내딛는다.

4

기억속의 섬

내 기억속에
섬 하나가 있다.
오랜 객지 생활에 이리저리 흔들리며 살다보니
까마득하게 잊혀져버려 기억의 뿌리조차 없어진 줄 알았더니
요즈음에 와서 불사조처럼 다시 살아난 것이다.
무슨 까닭인가.
인생의 뒤안길을 한 바퀴 돌아온 이 나이에도
여전히 식지 않고 손짓해대는 바다를 향한 향수 때문일까.
아니면 고향에 대한 아슴푸레한 기억들이
아주 지워지기 전에
한 번씩 얼굴을 내밀기로 작정이라도 했단 말인가.

—「기억속의 섬」 가운데서

추억은 전설처럼 남고

세월이 흘러가면 아름다웠던 옛 추억도 희미한 전설처럼 되고 마는가?

중학생이었던 우리는 여름철에 학교가 일찍 파하면 책보따리를 허리에 불끈 동여매고 곧바로 남망산 뒤쪽의 해안길을 따라 약속된 장소로 몰려갔다. 비록 그곳에 백사장도 없을 뿐더러 곧바로 깊은 바다와 연결되어 위험하기는 했어도, 오히려 찾는 사람이 드물어 남의 눈치 보지 않고 마음껏 소리치며 뛰놀기에는 더할 나위 없이 좋았다. 맹수가 제 영역을 표시하기 위해 배설물을 여기저기에 발라놓듯이 우리도 옷을 벗어 굵은 바위들이 갖가지 모양으로 웅크리고 있는 주변에 흩어 놓음으로서 놀이터의 임자가 바로 우리들임을 확실히 해 두고는 일제히 바다에 몸을 던졌다.

또래들이 물에서 놀며 가장 재미있어 한 것이 파도타기였다. 당시에는 부산과 여수를 오가는 정기 여객선이 하루에도 몇 차례씩 이곳을 지나다니고 있었다. 시골 초등학교만한 덩치의 여객선의 아래쪽은 검고 위쪽은 분칠을 한 듯 하얗게 꾸며져 있어 언제나 산뜻한 느낌을 주었고, 큰 파도를 일으키며 미끄러지듯 달려오는 모습은 탄성을 지르기에 충분했다. 먼데서 뱃고동소리가 울리기 시작하면 우리는 갓 수영에 맛들인 오리새끼들처럼 허겁지겁 물에 뛰어들어, 배가 지나가 버리기 전에 조금이라도 더 다가가려고 젖 먹던 힘까지 내어 바다 가운데로 나아갔다.

대개 배 난간에는 사람들이 여럿 나와서 스쳐 가는 항구를 바라보곤 했는데, 우리는 그들을 공격 대상으로 삼았었다. 물속에서 고개를 쳐들며 '어이!' 하고 큰 소리로 불러대면 승객들은 어김없이 우리 쪽을 쳐다보게 되고, 어떤 이는 반갑게 손을 흔들어 주기도 했다. 우리도 두 손을 크게 흔들다 말고는 냅다 주먹떡을 먹여댔으니 승객들의 황당함이 오죽했을까? 지금 생각하면 부끄러운 치기 같은 것이었건만, 그때는 왜 그렇게 속이 후련하고 재미가 있었던지.

우리 모두는 큰 도시로 가고 싶어 했다. 비포장투성이 버스길도 막막했고, 기차도 없었던 고향을 벗어나서 대처로 나가는 유일한 길은 뱃길이었다. 그러나 중학생인 우리에게는 너무도 비싼 길이었다. 여객선을 타고 뱃고동 소리 길게 울리며 나 보란 듯 도시로 향하는 것이 부러운 일이었고, 부자나 출세한 사람들의 상징처럼 여겨졌다. 그만치 잘 산다는 것이 우리들의 현실과는 동떨어진 피안의 세계였던 것이다.

이루지 못할 꿈에 대한 절망 같은 게 어린 마음을 얼마나 아프게 했던가. 도시로 나가 좋은 학교에 다니고 싶은 간절한 마음이, 제 처지에 대한 반항심이 공연한 부아가 되어 죄 없는 사람들에게 주먹떡을 먹이도록 부추겼을 것이다. 그러나 깔깔거리고 웃는 것도 잠시 뿐, 금방 현실로 돌아와 동경의 눈길로 멀어져 가는 배를 바라보았으니 우리의 유희는 언제나 웃음으로 시작하여 쓸쓸함으로 끝이 났었다고 해야 하리라.

그러나 나는 양쪽으로 긴 꼬리를 남기며 사라져 가는 배를 보며 결심의 줄을 당기기를 잊지 않았다. '그래, 나도 머지않아 저 배를 타리라. 그리고 당당히 도시로 갈 것이다.' 속으로 수없이 다짐하며 내 야망을 실어 보냈으니, 동경의 대상이었던 배가 도리어 내 희망의 전령사가 되고만 셈이었다. 나는 어깨춤을 추며 밀려오는 파도에 해파리처럼 몸을 맡기고 한동안 바다 위에 누운 채, 얄밉도록 파란 하늘에다 고운 색깔로 내 꿈을 그려 넣기도 했었다.

이제 남망산 뒤를 돌아 해안으로 따라갔던 오솔길은 넓은 포장도로가 되었고, 옷을 벗어 두었던 바위들도 흔적 없이 사라져 어디가 어딘지 가늠하기조차 어렵게 되어 버렸다. 그처럼 가슴 두근거리며 기다렸던 여객선마저 맥없이 밀려나고, 그 자리에는 비행기 같은 날개를 달고 뱃고동 소리보다 더 크게 엔진소리를 내며 시간 단축을 목표로 삼아 성난 파도를 뚫고 달리는 쾌속정이 버티고 있을 뿐이다. 하기야 여객선이 있다 한들, 손을 흔들어 줄 아이도, 주먹떡을 먹일 개구쟁이들도 모두 사라졌는데 무슨 재미가 있으랴.

요즘 아이들은 학교와 학원으로, 또 오락실까지 지친 몸을 끌고 다니기가 돈 버는 어른들보다 더 분주하지 않는가. 이제 그 누가 있어 한가롭게 바닷가에 서서 지나는 배를 눈여겨보리. 어릴 적부터 대도시로만 옮겨 다니며 실내 수영장이 최고인 줄 알고 자란 아이들에게, 고향 방문 길은 편리한 자가용으로 다녀와야 하는 것으로 인식된 자식들에게 내가 헤엄치고 꿈꾸었던 거친 바위와 솟아오르는 파도, 그리고 그림처럼 바다 위를 달리던 흰 여객선과 죄 없는 사람들에게 먹여대던 주먹떡을 얘기한다면 어떻게 받아들일는지 짐작하기도 어렵다.

하기야 긴 세월이 흐르고 나면 세상 또한 많이 바뀌어 옛 추억들이 깃들인 장소도 몰라보게 되고, 그 주인공들마저 하나 둘씩 사라져 가는 아픔을 누구나 경험하게 될 것이다. 이런 경우를 당해 보는 나 역시 허무한 마음에 가슴 저리고 과거와 단절된 고도孤島에 혼자 남은 느낌이 들기도 한다. 그러나 아름다운 그 추억들이 제발 가슴속에 생생하게 살아 있어 내 목숨 다할 때까지라도 함께 해 주었으면 좋겠다는 간절한 바람을 놓지 못하고 산다. 때문에 희미한 기억속의 인물들을 뚜렷한 모양으로 애써 만들어보고, 추억이 만들어진 배경을 몇 번씩 반복해서 그려보기도 한다. 더러는 수십 년의 세월을 한 순간에 뛰어넘어 현실보다 더 선연한 환영 앞에 서게 되지만, 깨어나면 다시는 돌아올 수 없는 그날의 사랑했던 사람들 생각에 번번이 내 눈시울은 젖고 말지만 포기하지 않으려 애쓰고 있다.

그러나 나는 요즈음의 세상 돌아가는 형편을 보면서 많은 것을 깨닫는다. 심지어 그동안의 나를 지탱해 왔고 지금의 나를 형성시킨 내 젊은 날의 기억마저도 무시당하거나 하찮게 대접받는 환경에 처해 있음을 절실히 느끼고 있다. 하여 그동안 틈이 나면 후배들 앞에서 스스럼없이 펼쳐 보였던 내 추억들을 하나씩 안으로 거두어들이는 작업을 서두르고 있다. 비록 나에게는 더없이 소중했던 추억이지만 지금 세상은 아무데서나 그것을 끄집어내어 손쉽게 화제로 삼기도 어렵고, 그렇다고 교훈삼아 얘기할 처지도 못 되는, 말하자면 재미삼아 입에서 입으로 전해지는 옛날얘기로 치부될 뿐이라는 사실을 새삼 깨달았다는 뜻이다.

초고속시대의 현대인으로 자부하면서 기성세대의 추억들을 의미 없는 전설처럼 건성으로 들어 넘기는 톡톡 튀는 젊은이들이여! '그대들 또한 제법 나이가 들게 되면 또 다른 신세대로부터 옛 얘기 속의 대책 없는 주인공쯤으로 대접받을 수밖에 없는 냉엄한 현실을 마음속에 담아 두라'고 충고하고 싶다.

지난날 겪었던 인생의 숱한 사연들을 회상해 보라. 그대가 아무리 애를 써서 그 내용을 편집한다고 해도, 명화처럼 많은 사람들이 보고 즐기며 감동할 만큼 잘 만들 수는 없을 것이다. 왜냐하면 몹시도 아름다웠던 일이거나 몸서리나서 떠올리고 싶지 않은 실패담이나를 불구하고, 결국은 제 마음속에서 차지하는 무게만큼만 살아남아 추억이란 이름을 달고 간헐적으로 당신에게 찾아올 것이 분명하기 때문이다. 그러므로 모든 추억들은 개개인의 역사라고 볼 수밖에 없고, 그 역사의 내용이 어떻게 전개되었던 간에 한결같이 그만그만한 제 나름대로의 가치와 의미를 지닌 것으로 마땅히 인정하고 존중해 주는 것이 옳을 것이다.

그런 까닭으로 나는 남은 날들을 살면서 내 마음을 채워줄 좋은 추억 만들기에 온 힘을 쏟을 작정이다. 비록 남의 눈에는 변변찮게 보일지 몰라도 혼자 좋아서 애지중지 키우고 있는 머리맡의 화초를 대하듯, 아침이 오면 아직 살아 있는 내 추억에 맑은 물을 주는 일도 게을리 하지 않을 것이고.

회상의 빗소리

젊은 날 나는 유별나게 비를 기다렸고, 비 내리는 소리에 귀를 기울였었다. 빗방울이 양철 지붕을 때리며 만들어내는 여러 음색의 소리가 번번이 나를 자극하여 깊은 사색의 길로 안내하기도 했었지만, 막막한 삶에 용기를 부어주는 진군의 나팔소리로도 들렸기 때문이다.

어느 비 오는 날, 길가의 허름한 목로주점에 앉아 고향에서 듣던 빗소리가 못 견디게 그리워 '플라스틱으로 만든 차양을 아파트 난간에 달아 놓고 산다'는 한 사내를 만났었다. 술이 어지간히 취한 그는 '빗소리를 듣고 있을 때가 제일 행복하다'고 했다. 그 소리를 통해 사라졌던 옛 추억들이 되살아나서 소꿉동무들의 다정한 목소리도 듣게 되고, 꿈 많았던 학창시절도 다시 본다며 미소를 지었다.

회상해 보면, 나에게도 한때 그런 빗소리가 있었다.

내가 살았던 집이 왜식 목조건물로 지어져 있어 지붕 전체가 양철로 덮여 있었기 때문에 유년시절은 물론이고 대학을 다닐 때까지 갖가지

음향으로 다가온 빗소리를 들으며 성장했었다. 그때 들었던 빗소리는 비가 올 때마다 달라서, 어떤 날은 무대에 잔뜩 진열한 타악기를 동시에 두드리는 것 같았고, 메뚜기 떼가 새카맣게 몰려오는 장면을 연상케 하는 소리로 다가오기도 했었다. 또 어떤 날은 무대 뒤의 효과음처럼 귀를 찢듯 요란하게 울리기도 하였으며, 장난꾸러기가 쉴 새 없이 모래를 뿌려대는 간지러운 소리로 오기도 했다. 바람이 없는 날은 빗방울이 일정한 리듬으로 지붕을 두드려 마치 자장가가 울려 퍼지는 듯한 느낌을 받았었다. 그런 소리를 들으며 나는 공부를 하기도 하고, 끝없는 사색에 빠져 새벽녘까지 천장을 바라보기도 했지만, 어떤 날은 아주 편안하게 일찍 잠들기도 했었다.

학교가 파하고 쏟아지는 비를 피할 길 없어 물에 빠진 생쥐 꼴이 되어 집에 돌아왔으나, 반기는 사람은 아무도 없고 갈아입을 옷마저 찾지 못할 때, 나는 젖은 옷을 아무렇게나 팽개치고 알몸으로 이불 속에 들어가 빗소리를 들었다. 그런 날은 이상하리만큼 슬픔과 아늑함이 함께 밀려드는 묘한 감정에 빠져 상상의 날개를 끝없이 펴곤 했었다. 사춘기를 맞고 있던 나는 귀에 들리는 빗소리만으로도 감각이 예민하다 못해 터질 듯이 부풀어 오른 탓에 그 소리를 타고 미지의 세계로 한껏 날아오르기도, 학업의 굴레를 벗어 던지고 거리낌없는 행동을 실천으로 옮기는 이유로 삼기까지 했었다. 생각이 자유로운 세계에서는 불가능이란 없었으니 비는 바로 마법의 날개며 힘 빠진 어깨를 추켜세우는 진군의 나팔 소리라 여겨도 손색이 없었다. 아마도 자유의 의지를 가득 담은 비의 혼이 자꾸 나를 충동질했기 때문이었으리라.

짙은 화장을 하고 좁은 의자에 드러누운 채 발끝으로 눈알이 핑핑 돌도록 공을 굴려대던 인형 같은 곡마단 소녀를 살금살금 숙소까지 뒤좇아 간 것도 비 오는 밤이었고, 공동묘지로 이어지는 논둑길에서 용기를 내어 사랑을 고백한 것도 종이우산을 때리는 빗소리가 있었기에 가능했었다. 장대같은 비가 시야를 가리는 밤이면 나는 '학생 입장 불가'란 팻말이 나붙은 극장가를 어슬렁거리기 일쑤였고, 난생처음 목로주점에 앉아 몇 잔의 막걸리에 취기가 올라 젓가락장단을 신나게 두드리며 오동동 타령을 불러대던 날도 추녀 끝의 낙수 소리가 유난히 컸었다.

다가올 모든 일이 불확실했었지만 만나는 것마다 아름답고 신기하게만 여겨지던 소년시절의 나를 새로운 경험의 세계로 안내해 준 그런 빗소리를 두고 고향을 떠난 후, 돌아가야지 하는 바람만 마음속에 가득했을 뿐 몸은 아직도 타향에 눕히고 있다. 갖가지 기억들로 도배된 학창시절의 빗소리를 다시 듣지 못하고 사니 타향살이를 더욱 실감하게 되는지 모를 일이지만, 나이 따라 외로움은 자꾸 키가 큰다. '정 붙이면 모두가 고향이라'는 말은 그저 위로하는 말일 뿐 사실은 그렇지 않은가 보다.

물론 긴 세월 동안 그때의 빗소리를 다시 들어 보고자 노력도 했었다. 그러나 그 어떤 것도 양철지붕 위를 경쾌하게 구르던 독특한 그때의 소리를 대신할 수는 없었다. 하기야 오랫동안 아파트로만 옮겨 다닌 내 주거환경이 나에게서 빗소리를 들을 기회마저 앗아가 버린 탓도 무시할 수는 없을 것이다. 그래서 지금도 비가 오면 일부러 남의 집 추녀 밑에 서 있거나 폭 넓은 우산을 쓰고 터벅터벅 걸어본다. 그 짓도 시들해지면 주차된 승용차 안에 들어가서 바하나 헨델의 음악을 아주 낮게 틀어놓고 귀를 기울이기도 한다. 그러나 낙수가 아스팔트 위로 떨어지거나 빗방울이 우산이나 차 지붕에 부딪혀 내는 소리는 맑은 맛이라고는 찾을 수도 없는 둔탁한 소리뿐이라 번번이 실망하고 만다.

고향에서의 빗소리를 듣기 위해 자신이 사는 아파트에 차양을 달았다는 어떤 사람의 안타까운 마음을 이해 못할 바는 아니지만, 나는 차라리 차양을 달지 않고 그 소리를 그리워하면서 살고 싶다. 인생이란 마음먹은 대로만 살 수 없는 것. 젊었을 때 꿈꾸었던 이루지 못한 일 앞에 서면 언제나 제 자신이 초라해지고 부끄러워져 자칫 마음 상하기 쉬우나 좀처럼 포기하지 못하고 그 주변을 서성거리게 되는 그런 일들이 있게 마련 아닌가. 나는 이루지 못한 그런 꿈들을 고향의 빗소리를 통해서나마 실현해 보고 있는 셈이니 그리워하는 것이 당연하리라.

하지만 나도 언젠가는 이런 종류의 집착과 회한에서 벗어나 내게 남아 있는 지난날의 기억들을 하나씩 정리해 나가야 할 것이다. 아마 그럴 즈음이면 추억속의 빗소리도 좀처럼 들어나지 않을 깊은 잠재의식 속으로 떠나보내야 하리라. 그러나 빗소리에 대한 지극한 내 바람마저 아주 지워지면 어쩌나 하는 걱정이 없는 것도 아니다. 왜냐하면 세월이 좀 더 흐른 후 내가 간절하게 그 소리가 듣고 싶을 때면, 단순한 회상의 빗소리로 오지 말고 조용한 영혼의 속삭임으로 다가와 내 남은 삶이라도 제대로 붙잡아 줄 의미심장한 메시지가 되어 달라고 기원하고 있기 때문이다.

어머니의 기도

대구에서 왕성한 활동을 벌이고 있는 '시사랑'이라는 모임에 참석했다가 어떤 시인의 자작시 낭송을 들었다. 자식을 군에 보내고 쓴 시였는데, 군부대 앞에서 아들과 이별하는 애절한 장면들이 절절하게 묘사된 내용을 따라 읽으면서 '부모 마음이란 어찌 이리도 한결 같을까' 하는 생각을 깊이 했었다.

세상의 부모들은 오늘도 그렇고, 1년 전에도 그랬고, 10년 전에도, 아니 40년도 더 지난날의 내 어머니도 막내인 나를 군에 보내시며 차마 손을 놓지 못하시고 그렇게 안쓰러워하셨다. 나 또한 아들을 군에 보내던 날, 아이의 반대를 무릅쓰고 아내와 함께 논산훈련소까지 갔었다. '걱정 마십시오. 잘 해 내겠습니다.' 하고 뛰어가는 아들의 뒷모습이 보이지 않을 때까지 발돋움을 하여 키를 높이던 아내는 금세 고개를 푹 숙이고 말았다. 태연한 척 담담한 척 무던히도 잘 참더니만 돌아오는 차에 오르자마자 막혔던 눈물샘이 한순간에 터져 버린 듯 하염없이 눈물을 흘리고 또 흘렸다.

큰형님이 군에 입대할 때였다. 입영이 며칠 남지 않은 날, 학교에서 돌아온 나를 어머니가 물끄러미 바라보시더니만 불쑥 '아마 니까지는 군대 안 가도 되는 세상이 되겠제?' 하셨다. 그랬던 나도 어머니의 걱정 속에 탈 없이 군에 다녀왔고, 결혼하여 사내아이를 보았다. 하루는 어머니께서 손자의 기저귀를 갈아대면서 '이놈이 자라면 정말 군대는 안 가겠지?' 하시는 것이었다. 너무 의외의 말씀을 들은 나는 그만 입을 다물고 말았다. 딸도 없는 집에서 아들 셋을 모두 전방 부대에 차례로 보내놓고 어지간히 애간장을 태우셨던 모양이다. 태어난 지 몇 개월도 되지 않은 손자를 보고 군대를 생각하시다니.

군 입대에 관련된 불공평하고도 부정한 행위들은 오랫동안 이 나라에 있어 왔다. 당시에는 자식을 군대에 보내지 않으려고 온갖 편법이 동원되었고, 그런 행위를 부모가 가진 힘의 상징처럼 여긴 구석도 있었다. 따지고 보면 내 어머니의 홍건했던 눈물도 힘없고 요령 부족인 부모로서의 자격지심 같은 게 발동하여 절망감으로 번져간 이유가 아니었을까 생각하면 지금도 마음이 아프다.

군에 간 형님의 얘기가 나오든지, 형 친구가 휴가를 나와 인사차 들리기라도 하면 어머니의 눈은 하루 종일 젖어 있었다. 어쩌다 새벽에 잠이 깬 날, 희미한 인기척에 놀라 마당으로 나가 보면 당신은 정화수 한 사발 떠놓으시고 한식경이나 빌고 계셨다. 달이 휘영청 밝은 날이나 사방을 구분할 수 없는 그믐밤에도 어김없이 기도는 이어지고 있었고. 어머니의 그런 기도가 얼마나 절실한 것인지를 나는 짐작하고도 남았다. 만일 전지전능한 신이 와서 '손발이 다 닳아 없어지도록 빈다면 자식을 무사히 돌려주겠노라'고 약속했다면 기꺼이 그 일을 감내했을 어머니라고 믿고 있었던 까닭이다.

그러나 당신의 기도는 참으로 단순 명료하였다. 천신天神에게는 나라가 태평하기를, 산신山神에게는 아들의 무사함을 비셨다. 당신은 나라가 태평하지 않고서는 아들을 군대에 보내지 않을 수 없을 것이라 판단하고 있었던 것 같다. 또 내 어머니가 자식 모두를 군에 보내야 하는 현실을 피할 수 없는 일로 고스란히 받아들인 것을 보면, 군 입대를 운명으로 여겨 체념하지 않으셨을까 하는 생각마저 든다. '적어도 자식 셋 중 하나만이라도 빼낼 방법이 없겠느냐'고 이곳저곳에 하소연을 하려 해도 마땅한 대상을 찾을 수 없었던 당신께서는 모진 팔자도 숙명으로 알고 억척같이 견디어온 평소의 삶처럼 혼자 감내하며 속으로 삭여내셨을 것으로 짐작되기 때문이다.

그 후로도 자식들의 군생활에 대한 애착은 어머니에게서 좀처럼 떠나지 않으셨던 것 같다. 당신은 대청마루가 있는 집의 정면 벽에 커다란 사진틀을 두 개씩이나 걸어놓고, 그 속에 자식들이 군에서 찍은 사진들을 가득 채워 넣고는 수시로 바라보셨다. 모두가 흑백인 그 사진들은 세월을 이기지 못해 어떤 것은 연필로 스케치를 해 놓은 것처럼 희미하게 윤곽만 남아 있었지만, 어머니는 돌아가실 때까지 그것들을 한 번도 다른 사진으로 바꿔 끼우신 적이 없었다. 사진 속의 자식들이 더 이상 나이를 먹지도 않은 채 듬직하고 자랑스러운 군인 모습 그대로 당신과 함께 살고 있었던 모양이다.

이순을 넘어선 지금에 와서 뒤돌아본다. 만일 그 당시에 막내인 나를 군에 보내지 않겠다고 어머니가 동분서주하여 군 면제를 시켜주었더라면 지금의 내 처지가 어떻게 되었을까, 암만 생각해 보아도 과거 우리 사회의 전형적인 어머니였던 당신의 처신이 옳았다는 생각뿐이다. 먼 남쪽 끝 바닷가 시골에서 그저 평범하고 순박하게 살았던 내 어머니가 군에 간 자식을 위해 할 수 있었던 일이 무엇이었겠는가? 이 세상에 존재한다고 믿는 모든 신에게 당신의 몸을 던져 한마음으로 간절히 비는 것 이외에 또 다르게 무슨 할 일이 있었을까. 이 '아무것도 할 수가 없다'는 그 한이 더욱더 큰 자식 사랑으로 이어져 오래도록 나를 감싸고돌아 나는 한껏 행복했고 매사에 당당할 수 있었으니 오히려 다행한 일이었다고 말해야 하리라.

언제나 어머니를 생각하면 가슴이 뜨거워지고 눈물이 나는 것도 내 어머니의 사랑은 늘 육신으로 내게 다가왔고 직접적인 행동으로 보여진 까닭이다. 아직 제대로 걷지도 못하고 뒤뚱거리기만 하는 손자를 보며 어느새 골똘히 어머니의 기도를 생각하고 있는 나를 발견한다. 평소 밖으로 나타내는 말과는 달리 자식에 관한 한 영락없는 욕심꾸러기로 변해 있는 내 속마음을 들여다보며 은근히 놀라고 있다. 아! 인생이란 이렇게 끝없이 반복되는 뫼비우스의 띠와 같은 것이란 말인가?

다시 바다를 보니

싱그러운 5월이 막 기지개를 켜기 시작한 어느 날, 나는 동창생 몇 명과 어울려 고향인 통영을 찾았다. 무슨 특별한 모임이 있어서가 아니고 그저 한번 다녀오자는 마음을 모아 나선 길이었다. 그러고 보니 1박 2일의 이번 여행은 목적 없는 것이 목적으로 된 셈이었다.

승용차로 3시간 남짓 달려 통영 어귀에 들어섰다. 내친 김에 조금만 더 가면 시내인 것을, 굳이 일행은 바다를 등지고 오가는 차량들을 멀거니 바라보고 앉는 학섬 휴게소에 들렀다. 모두가 말없이 커피를 마시며 지그시 눈을 감는다. '커피 향과 바다 냄새', 전혀 어울릴 것 같지 않는 장면이지만 우리에겐 색다른 의미가 있다. 커피에 섞인 갯벌 냄새를 맡으며 여전히 고향이 낯설지 않음을 한 순간이라도 빨리 확인하고 싶었기 때문이다.

땅거미가 내려앉을 무렵, 우리는 부둣가의 조그마한 횟집에 둘러앉았다. 살기가 힘겨워서 일까, 쌓인 회포가 많았을까? 너나 할 것 없이 빠른 속도로 소주에 몸을 적셔갔다. 그러나 쏟아지는 얘기는 종잡을 길이 없어 금방 초등학교 운동장에서 뛰놀다가 어느새 고등학교로 날아가기도 했고, 사랑얘기를 하다 말고 다른 학교 아이들과 편싸움했던 무용담이 등장하기도 했다. 우리는 그렇게 추억을 함께 살리고, 되살려진 추억마저 목말라 하며 남김없이 마셔 버렸다.

식탁 주변의 소주병들이 사람보다 먼저 취하여 여기저기에 널브러진 채, 서로 몸뚱이를 부딪쳐 날카로운 소리를 높여가자 그것을 신호라도 삼은 듯 일제히 자리를 털고 일어났다. 우리는 관광버스에서 내린 취객처럼 콧노래를 흥얼거리며 갈지자걸음으로 숙소로 몰려가 그대로 쓰러지고 말았다. 얼마나 잤을까, 술이 몰고 온 타는 목마름에 눈을 떴다. 단숨에 한 컵의 찬물로 갈증을 달래고 다시 방에 들어가려는데 문득 웅웅거리는 이상한 소리가 나를 붙잡았다. 깊고 깊은 동굴로부터 울려 나오는 듯한 소리, 그 사이로 상처 입은 커다란 짐승이 내뿜는 가쁜 숨소리 같은 것도 간간이 들려오고 있었다.

도대체 이런 소리가 어디로부터 오는가? 가만히 창문을 열고 베란다로 나갔다. 거기에는 시커먼 바다가 거대한 몸을 누이고 내 이마 가까이 와 있었다. 나는 하얀 플라스틱의자에 정물靜物처럼 앉아 요술을 부리는 만화 속의 주인공같이 귀를 키워 갔다. 놀랍게도 그것은 바다가 내는 소리였다. 만물이 잠이 들면 바다도 같이 잠이 들었다가 아침이 되어야 깨어나는 줄 알고 있었는데, 오늘 보니 그렇지가 않았다. 바다는 쉴 새 없이 바쁘게 일을 하고 있었다. 사람들이 흘려보낸 폐수를 깨끗한 물로 만들고, 버려진 온갖 쓰레기도 밤을 세워가며 정화시키려 애쓰고 있었다.

멀리 어둠 속에서 하얀 선 하나가 꿈틀댄다. 아! 그렇지, 길이구나. 바다는 낮 동안에 끊어지고 비틀어진 길도 땀 흘려 정비하는 중이었다. 하늘에는 하늘길이 있고 산에는 오솔길이 있듯이, 바다에도 바다길이 온전하게 있어야 아무 탈 없이 배가 다닐 수 있다. 이런 일들이 갈수록 힘든 바다는 자기도 모르게 가쁜 숨을 몰아쉬며 끙끙거렸을 것이고, 그 소리를 내가 듣게 되었던 것이리라.

두려움을 몰랐던 젊은 날, 하루는 친구 다섯과 작은 목선木船을 타고 바다로 나갔다. 동네에서 꽤 떨어진 곳에 배를 정지시켜놓고 시원한 바닷바람을 안주삼아 막걸리 한통을 모두 비우고는 정신없이 뛰고 솟으며 고함을 질러댔다. 우리가 어지간히 정신을 차렸을 때, 해는 이미 서산에 기울었고 배는 정처 없이 흐르고 있었다. 아무리 주위를 둘러보아도 어디쯤 와 있는지 분간할 수가 없었다. 술에 취해 몽롱해진 사이에 그만 배가 빠른 물길로 잘못 들어서게 되었던 것이다. 모두는 넋이 나간 꼴이 되었지만 멀리 보이는 불빛 따라 손바닥에 피가 맺히는 줄도 모르고 노를 젓고 또 저어 새벽녘이 되어서야 간신히 육지에 닿았다. 참으로 어려운 처지를 운 좋게 벗어난 셈이었다.

그 이후로 나는 바다에도 길이 있다는 사실을 믿게 되었고, 아무리 넓은 바다라 할지라도 가야할 길과 가서는 안 되는 길이 있듯이 사람에게도 저마다의 길이 따로 정해져 있을 것이라는 생각을 가지게 되었다. 그리고 내게 주어졌을 것이라고 믿은 길을 걸어왔다. 하지만 그 길이 정말 나의 길이었는지, 제대로 걸어오기나 했는지에 대한 확신은 없다. 다만, 남들이 선호하지 않는 이 길을 오늘까지 발걸음 늦추지 않고 힘닿는 데까지 살아온 내 삶에 후회는 없으니 다행으로 여긴다.

여섯 시가 가까워오자 바다는 은빛 비늘을 흔들며 서서히 몸을 추스른다. 밝은 날 지친 제 모습을 사람들에게 보이지 않으려고 햇빛으로 자신을 치장하며 새로운 하루를 열기 위해 애쓰는 자태가 너무 아름답다. 이런 간절한 바다의 몸짓이 아침의 찬란함으로 보였을 것이리라. 누가 '태양이 눈부시게 작열할 때, 바다는 비로소 바다로 살아 꿈틀거린다'고 노래했던가? 아니다, 바다는 햇살이 점점 짙어져 가면 살아 있는 모든 것들의 자유로운 활동을 위해 사랑으로 몸을 열고 호흡을 깊게 가라앉힌다. 사람의 욕심이 엉켜 붙은 문명의 이기가 자신을 못살게 파헤치고 뒤집어놓아도 그는 의연하게 앉아 눈을 감고 더욱 침잠한다.

그저 말없이 존재해서 수많은 생명을 살리려고 노력하는 바다를 보고 있으려니 점점 가슴이 답답해져 왔다. 나 역시 어릴 적부터 바다를 보아왔고 또 거기에 기대어서 지낸 긴 세월이 있었다. 그런데 지극한 아름다움은 깊은 고통 속에서 잉태된다는 사실을 바다를 통해서는 왜 몰랐을까 하는 의문이 생긴다. 눈이 부시게 황홀한 바다의 모습이 자기를 희생시킨 결과였다는 사실조차 알아차리지 못했으니.

따져 보면 이곳에 사는 사람들과 문명의 산물들이 고향을 지킨 게 아니었다. 오히려 내 고향은 바다와 섬과 해안선이 지키고 있었다고 해야 옳을 것이다. 바닷가에서 태어나 그 속에서 자란 나에게 바다는 어머니요 생명의 뿌리인 것을. 홀연히 의자에 앉은 내 몸조차 스멀스멀 녹아내려 바다 속으로 흘러 들어가는 환상이 일어났다.

무릎 꿇은 나무

사방이 힘든 일로 벽을 이룬 것 같은 요즈음 생활에서 한때 적지 않게 내 마음에 위로가 되었던 '무릎 꿇은 나무'에 대한 기억이, 긴 세월이 지나갔어도 어제 일처럼 남아 있다는 것은 무척 다행한 일이다.

당시 우리 회사는 중국에 사료공장을 짓고 영업활동을 열심히 하고 있었다. 그러나 노력과는 달리 사업은 갈수록 꼬여 갔다. 중국의 축산 실정이 우리가 현지를 조사하고 분석한 것과는 너무나 딴판이었기 때문이다. 특히 외상으로 팔았던 물품 대금이 거의 회수되지 않았으니 회사를 제대로 움직여 나갈 수가 없었다. 눈만 뜨면 노심초사, 어떻게 하면 정상적인 경영을 할 것인가에 온 정신을 쏟고 있다 보니 하루가 언제 가 버렸는지도 모르고 지낸 날이 태반이었다.

그런 어느 날, 연변으로 출장 가는 길이 있어 머리도 식힐 겸 만사를 미루어 두고 백두산에 올라 보기로 마음먹었다. 내친 김에 가능한 한 많은 곳을 돌아보기 위해 산 바로 밑에서 밤을 보내고 아침 일찍 길을 나섰다. 회사 짚차를 이용한 덕분에 여행은 더없이 편리했다. 오르기가 힘들다는 가파른 산길을 차는 씽씽 소리를 내며 신나게 달려 주었다.

백두산 초입에서 만난 울창한 원시림에 제일 먼저 감동의 발길이 멈추어졌고, 아득한 단애 아래로 이름 모르는 나무들이 겹겹이 층을 이룬 신비한 모습에 입을 딱 벌리기도 했다. 부근 마을의 미인송美人松도 천천히 둘러볼 수 있었으며, 유황천에서 계란도 익혔다. 장백폭포의 웅장한 모습을 배경으로 거대한 물줄기가 만들어내고 있는 환상적인 색깔의 조화를 좀 더 가까이서 보려고 다가갔다가 물만 흠씬 뒤집어쓰고 추위에 한동안 덜덜 떨기도 했다.

폭포를 지나 계속 올라가니 넓은 바위와 이끼처럼 생긴 풀과 검은흙이 자주 눈에 띄고 키 작은 관목들이 듬성듬성 진을 치고 있었다. '아, 이제 고산지대로 가는구나' 하는 생각에 온몸은 팽팽하게 긴장되고 표정마저 굳어졌다. 조금 더 오르니 저만치 큰 바위들이 웅크리고 앉은 능선 옆으로, 약간 구릉진 곳에 침엽수들이 땅에 찰싹 달라붙어 제법 넓게 자리 잡고 있었다. 보기에 하도 신기해서 산기슭에 차를 세웠다. 차 안에서 느끼기에는 별것 아닐 것으로 생각했는데, 막상 밖으로 나와 보니 세찬 바람은 허기진 늑대처럼 무서운 소리를 내고 있었다. 바람이 얼굴을 아프도록 후려치고 몸을 마구 흔들어대는 바람에 자칫 잘못하면 발을 헛디뎌 천길 아래로 떨어질 지경이라 여간 조심스럽지가 않았다.

이곳은 1년 내내 같은 방향으로만 바람이 불기 때문인지 나무들은 하나같이 바람을 등지고 서 있었고, 모두가 키 작은 것들뿐이었다. 자세히 살펴보니 나무는 아래 둥치부분부터 심하게 굽어져 나갔고, 그 부위가 마치 사람 무릎처럼 둥글고 부드러운 곡선을 이루고 있어서 신기했다. 학창시절 사랑하는 사람들로부터 받았던 크리스마스카드에 찍혀진 사진, 천사같이 예쁜 소녀가 촛불 앞에서 다소곳이 무릎을 꿇고 기도하는 모습과 흡사한 모양을 하고 있었다. 바로 고산지대에 서식하는 무릎 꿇은 나무였던 것이다.

나무는 거친 자연 앞에서 한없이 제 몸을 낮추고 무엇을 그토록 간절히 기원하고 있었을까? 탈 없는 생존을 염원하는 것일까, 아니면 왕성한 번식을 희구하였을까. 그 내용을 내가 어찌 짐작이나 할까만, 사람들이 동네 당산나무 아래서 시도 때도 없이 빌어대는 것과는 전혀 다른 내용일 것 같다는 생각을 하게 만드는 진지한 모습이었다.

놀라운 일은 그렇게 쉬지 않고 불어대는 강한 바람 속에서도 그것들은 이리저리 서로 얽혀서 분별없이 살고 있지 않았다는 점이다. 사람도 살기가 어려우면 잘 사는 친척이나 지인들에게 신세지고 싶은 심정인데, 어쩐 일인지 홀로 서기에 힘든 아주 가냘픈 나무까지도 큰 나무에 무작정 기대고 있지는 않았다. 비록 그들이 한 무리를 이루고는 있었지만, 그 속을 들여다보니 하나하나가 잘 훈련된 병사처럼 주어진 제 자리에서 모진 바람과 의연하게 맞서고 있었다.

가만히 다가가서 나무 밑둥치를 만져보았다. 단단하기가 무쇠 같다. 바로 옆에 손쉽게 꺾어질 것 같은 어린나무가 한 그루 있었다. 나는 일부러 줄기를 잡고 힘차게 흔들어 보았다. 꿈쩍도 하지 않았다. 뿌리가 얼마나 단단하게 내렸는지 손에 전달되는 저항으로 쉽게 짐작이 갔다. 제 키의 몇 배는 땅 속 깊이 파고들어 자리를 잡았으리라. 뿌리는 햇볕 한번 못 보고 캄캄한 지하에서 밤낮으로 영양분을 빨아들여 줄기와 잎과 씨앗으로 아낌없이 보내야 하는 운명을 지니고 있음을 알고 이런 험하고 조악한 환경 아래서도 제 소임을 포기하지 않는 것일까?

파란 하늘을 배경으로 줄기와 가지와 잎들이 절묘한 조화를 이루고 있다. 아래쪽 줄기는 굵고 튼튼하게, 가지는 끝으로 갈수록 가파르게 가늘어졌지만 탄력을 더하고 있었고, 잎은 작으면서 뾰족했다. 참으로 지혜롭다. 자연에 순응하여 자연의 한 부분으로 남으려 하는 절실한 노력 덕분일 게다. 격조 있는 조화의 모습은 언제나 아름다운 법. 우리가 미처 깨닫지 못했다 해서 실제로 존재하는 아름다움이 없어지는 것은 아닐 것이다.

오늘 만난 나무들도 알고 보면 아주 요긴하게 쓰일 곳이 따로 예비되어 있다 한다. 가장 비싼 값에 팔리고 있는 최상급 바이올린의 울림 소리통을 만드는 데는 무릎 꿇은 나무가 꼭 필요하다고 한다. 나무는 곧고 크게 자라야만 쓸모가 있고, 작고 꼬부랑한 나무는 아무짝에도 쓸모없을 것이라는 평소의 내 생각이 민망하기만 하다.

자연이 누구를 위하여 만들어진 것은 결코 아니리라. 자연은 그 자체로도 완전한 것이니 사람이 무슨 의미를 거기에 덧붙이리. 그러고 보니 모두가 건강하고 멋진 나무들이다. 본래 나무는 그것이 있을 자리에서 반듯하게 살아가는 것만으로도 제 가치를 다하고 있었던 것을. 제 아름다움을 몰라준다고, 제 능력을 인정해 주지 않는다고 소리치며 안타까워하는 이런저런 인간들이 낡은 필름이 돌아가듯 눈앞을 스쳐 지나갔다.

모진 바람이 한시도 쉬지 않고 사방을 할퀴는 곳에서 단 한 발자국도 움직일 수 없는 숙명을 타고 난 고산高山의 저 나무들도 이렇게 당당하게 살아가고 있는데 '나는 지금 무엇을 두고 이토록 깊은 시름에 잠겨 있단 말인가?' 하는 생각에 정신이 번쩍 들었었다.

무거웠던 작은 봉투

미국 출장중에 겪은 일이다. 당시 우리 일행은 콜로라도주 덴버시에서 열리는 '미국 사료곡물 생산자 년차 대회'에 초청 인사로 참석하고 있었다. 한국을 떠나기 전, 현지의 농장 몇 곳을 방문하기로 약속이 되어 있었는데, 막상 도착해 보니 예상외로 일정이 빡빡해서 좀처럼 짬을 낼 수가 없었다. 다행히 행사 중간에 일요일이 끼어 있어서 그 틈을 이용하여 농장을 방문하기로 의견을 모았다.

그런데 우리가 방문할 농장의 주소나 전화번호는 가지고 있었지만, 일행이 하루 동안에 예정된 농장을 모두 돌아보기 위해서는 그곳 지리에 밝은 안내자와 좌석이 10석 이상인 차량이 필요했다. 고심하던 끝에 주 농무관州農務官에게 우리의 사정을 설명하고 도움을 청했다. 걱정했던 것과는 달리 그는 '몇 시에 출발하여 몇 시쯤이면 일이 끝나겠느냐'고 묻는 것으로써 선선히 우리 요청을 받아들였다.

다음날 아침 7시 정각. 호텔 정문 앞에 겉보기에도 고급스러운 큼직

한 밴VAN 한 대가 도착했다. 차에서 젊고 잘생긴 남여 두 사람이 내려 우리에게로 다가오는 것이 아닌가. 설마 했더니 그들이 바로 우리들을 안내할 농무성 직원이라는 것이었다. 너무나 정확한 그들의 약속 시간에 놀라 서로 눈짓을 해 가며 서둘러 차에 올랐다.

하늘은 맑게 개었고 태양은 점점 흰 빛을 띠기 시작하여 들판을 더욱 푸르게 만들어 갔다. 차는 쾌적한 속도로 질주하고 있었고 의자는 안락하기 짝이 없었다. 창문을 살짝 여니 상쾌한 바람이 무리 지어 밀려오고, 끝없이 이어진 들판은 싱싱한 기운을 마음껏 뿜어내고 있었다. 어느새 우리들의 기분도 활짝 피어 현재 미국 땅에 손님으로 와 있다는 사실도 까맣게 잊은 채 소풍 가는 아이들처럼 웃고 떠들기 시작했다.

미국의 농촌은 우리나라와는 사뭇 달라 농장과 농장이 다닥다닥 붙어 있는 게 아니었다. 이웃이라 하여도 어떤 경우에는 수 km나 떨어져 있었으니 숨가쁘게 서둘러야 했다. 그런데도 그들은 하루 종일 밝은 표정에 잔잔한 미소로 시간에 쫓기고 있는 우리들을 편안하게 감싸주었다. 지루한 풍경을 만나면 음악을 들려주고, 절경을 보고 탄성이라도 질러대면 잠시 차를 세워주기도 했다. 배고파하는 눈치면 햄버거와 콜라를 사먹게 했고, 급한 생리를 때맞추어 해결할 수 있도록 하는 세심한 배려를 아끼지 않았다. 생각해 보면 축복 받은 하루였었다.

이해관계에 얽히지 않은 사람을 위해 제 소중한 시간을 기쁜 마음으로 쓴다는 것이 어디 쉬운 일인가? 나는 그동안 살아오면서 과연 생판 모르는 남을 위해 아껴두었던 일요일의 귀한 시간을 송두리째 바쳐본 적이 몇 번이나 있었던가를 반문해 본다. 어떤 사람이 성심을 다하여 봉사하면 그것을 받는 사람 또한 그에 비례하여 행복감이 고양된다는 이치를 온몸으로 느낀 날이기도 했다. 사람이 사는 어디에도 배움의 기회는 있다지만, 먼 이국 땅에서 그것도 새파랗게 젊은 사람들로부터 한 수 배우게 될 줄이야 짐작이나 했던가.

무사히 일을 끝내고 숙소에 도착하니 이미 오후 7시가 넘어 있었다. 예정시간보다 두 시간 이상 지난 것이다. 너무 고맙고 미안하기도 하여 '저녁 식사를 함께 하면 어떻겠느냐'고 말을 건넸지만 한사코 집에 가서 먹겠단다. 편히 쉬어야 할 하루를 우리에게 할애한 그들에게 적어도 무엇인가 대가를 주어야겠다는 부담감이 밀려왔다. 나는 흰 봉투 두 개에 50달러짜리 두 장씩을 급히 넣어 '미처 선물을 준비하지 못했다'면서 슬며시 내밀었다. 그러나 그들은 내 손을 완강하게 뿌리치고는 그대로 차에 올랐다. 종일 우리와 같이 다닌 그들이었고 화기애애한 분위기에 젖어 있었기에 아주 자연스럽게 받을 줄로만 알았던 나는 매우 당황했다. '뭐가 잘못 되었나' 싶어 운전대 옆으로 바싹 다가가 입가에 미소까지 띄우면서 다시 봉투를 가만히 건네주었다. 그러자 그가 단호한 목소리로, 아주 천천히 다음과 같이 말하는 것이 아닌가. '우리는 공무원이고, 특히 오늘은 휴일수당을 따로 받았기 때문에 어떤 사례도 받을 수 없다'고.

멍하니 쳐다보고 있는 나를 향해 가볍게 손을 흔들더니 쏜살같이 차를 몰고 가버렸다. 흰 봉투를 쥐었던 내 손은 갈 곳을 잃었고, 나는 한동안 못을 박은 듯 그 자리에 서 있었다. 쉽게 생각하고 가볍게 취했던 행동이 나에게 이렇게 무거운 봉투를 들려주다니. 그러나 계면쩍은 마음은 잠시뿐, 진정 고마워서 전달하고자 한 성의 표시를 극구 마다

한 그들의 행위가 다양한 인종과 복잡한 가치관이 뒤엉켜 혼란스럽게 비치기도 하는 미국이란 사회를 건강하게 지탱해 주는 힘이 되고 있을 것이라는 생각에 안도의 숨을 내쉬었다. 사실 내가 그렇게 여긴 것은 봉투를 받지 않은 그 자체보다는 거절하는 이유를 거리낌 없이 밝힌 그들의 밝은 태도에 있었다. 흔히 보면 돈을 무척 좋아하면서도 남들 앞에서는 초연하게 보이려고 허세를 부리는 것이 사람들의 심리다. 그래서 남이 주는 돈을 거절할 때도 그저 형식적으로 거절하는 척하거나 받으면서도 그럴싸한 명분을 앞세우기 쉽기 때문이다.

벌써 기억에서 지워버렸어야 할 오래 전에 겪은 일을 내가 애써 떠올리고 있는 것은 버릇처럼 이어져 가는 내 삶을 한 번씩 뒤돌아보기 위해서이다. 평소 별다른 의미 없이 행했던 내 행동 하나하나가 원하든 원하지 않든 나를 만나는 다른 사람들의 삶에 영향을 미치게 될 것이고, 남 또한 크든 작든 내게 영향을 주게 되리라. 그러고 보면 우리 인생에는 단 한순간이라도 소홀히 할 수 있는 일이 아무것도 없다는 생각에 새삼 사는 일이 쉽지 않아 보인다.

인연의 끈

목욕을 끝내고 거울 앞에서 머리를 말리고 있는데 동료 하나가 유심히 눈길을 주더니만 '세월이 무섭긴 무서워, 이제 당신도 머리 밑이 많이 보이네' 한다. 적어도 머리카락 빠지는 문제에 관해서는 걱정 없이 잘 지내왔었는데 갑자기 그런 말을 듣게 되니 '아차' 싶어 조심스럽게 머리 밑을 살펴보았다. 다른 부분은 아직 괜찮은 것 같은데 앞이마 쪽이 생각 밖으로 훤히 드러나 보인다. 언제 이렇게 빠져나갔을까. 적지 않았던 머리숱이었는데. 나도 모르는 사이에 없어져간, 그것들이 촘촘히 섰던 빈자리를 아쉽고 허전한 마음에 손가락 끝으로 가만히 문질러 본다.

문득 세상사는 일이라는 게 없어진 내 머리카락처럼 나도 모르는 사이에 내 주변의 것들을 하나 둘씩 잃어 가는 과정이 아닐까 하는 생각이 든다. 요즈음 들어 자꾸 사는 일이 심드렁해지는 것도 따지고 보면 젊은 시절에 가졌던 삶에 대한 열정이나 기대가 슬슬 빠져나간 때문이리라. 어디 그뿐이겠는가. 그동안 내가 만나왔던 숱한 사람들과의 교류 속에서 무심코 흘려버린 소중한 것들이나, 내 욕심 때문에 상대를 배려하지 못하고 놓쳐버린 일들이 결코 적지는 않을 것이다. 또 내 가족들, 친구와 동료, 문학 동인들과의 관계에서도 내가 알지 못하는 사이에 지나쳐버린 의미 있는 일들도 상당하리라.

심지어는 내가 베푼 사소한 일들은 생생하게 기억하면서도 내가 받았던 더 큰 것은 까맣게 잊고 살아왔다. 내게 이익이 되는 사람이면 가급적 오래 곁에 붙들어 놓으려 애썼고, 손해가 될 법한 사람이면 회피하기에 바빴다. 오늘 상대방에게 잘못해 준 일도 내일 잘하면 되겠지 했고, 내일이 여의치 못하면 지키지 못할 훗날을 자신 있는 목소리로 기약하는 뻔뻔함도 서슴지 않았다.

사람과 사람간의 관계야말로 가장 큰 배움의 소재라는 사실도 건성으로 넘겼고, 좋은 인간관계를 통해서 내면의 성숙을 도모해야 하는 절호의 기회마저 여러 번 놓쳐버렸다. 삶이란 게 제법 여유가 있는 것이라고 능청을 떨었는가 하면, 여름 하루가 황소걸음처럼 느릿느릿 가고 있다고 굳게 믿었다. 수없이 부딪히는 사소한 일에서도 이익과 손해를 재빨리 분석하여 유리한 쪽에 접근하면서도, 세월이 흘러 제법 자리가 잡히면 나 또한 지혜롭게 살 수 있으리라 자위하곤 했었다.

그러나 모든 게 꿈결같이 지나가고 말았다. 그리고 아무도 내가 잘해 줄 때까지 기다려 주지 않았다. 인생도, 인연도, 나 자신마저도 모두가 빠른 속도로 함께 흘러가 버린 까닭이다. 마치 고속도로를 과속으로 운전해 가면서 나란히 달리는 옆 차를 보며 '내가 지금 천천히 가고 있구나' 하고 착각했었다 해서 교통법규 위반 사실이 용서될 수 없듯이, 인생길에서도 '미처 내가 깨닫지 못했다'고 변명을 늘어놓아도 아무 소용이 없었다.

나는 그 막연한 것 같고 예측되지도 않게 다가왔던 인연들에 대해 좀 더 따뜻하고 겸손한 태도로 일관했어야 옳았다. 그동안 나와 함께 잘 지내왔거나 좋은 관계를 맺었던 사람들도 세월 따라 미련 없이 떠나간 것을 보면, 아마도 내 주변이 타인들이 머물기에는 편안하지 않은 요소들이 많지 않았을까 싶어 가슴 아프다.

'사람과의 만남이란 도도히 흘러가고 있는 강물 속의 잔물결과 흡사한 것'이라는 말이 있다. 흐르는 강물이 몇 번의 소용돌이를 치고 나면 다정하게 붙어가던 물결도 어쩔 수 없이 서로 헤어지기도 하고, 계곡에서 이별했던 것들이 엉뚱하게 강 하구에서 다시 만나기도 해서 하는 말일 터이다.

나 역시 학창시절의 애틋한 사랑에 대한 기억이 아직도 재 속에 숨겨진 불씨처럼 끈기로 살아 있건만, 나를 향해 이별의 이유를 연극대사 읊조리듯 근사하게 토해내고는 훌쩍 행방을 감추어 버린, 그 소녀를 이 나이가 되도록 먼발치에서나마 다시 본 적이 없다. 당시 그녀에게 얹혀졌던 삶의 무게를 그 자신이 도저히 감내할 수 없어서 어쩔 수 없는 선택이었다는 사실을 나중에야 알고 마음 조리며 찾아 헤매었건만…….

또 좋지 않은 일로 인하여 오래된 친구를 잃고 다시는 그와 마주서기조차 싫어서 극구 피해왔지만, 생각지도 못한 사건에 얽혀 한동안 매일같이 얼굴을 맞대고 함께 일을 보게 되어 내 명줄을 재촉하는 곤혹한 지경을 당한 경험도 있다. 까마득하게 잊고 있었던 옛날의 부하

직원이 이제는 나를 도울 수 있는 처지에 서서 반갑게 내 손을 잡아주는 다행한 일도 있었지만, 힘들게 공부할 때 나에게 용기를 불어넣어 준 K선생 댁을을 뒤늦게 찾았지만 이미 고인이 되셨다는 사실을 알고 내 자신을 얼마나 미워했던지.

사람간의 만나고 헤어짐이란 당사자의 마음만으로는 어쩌지 못하는 운명적인 요소가 다분히 작용하는 법이라고 말하고 싶다. 그래서 인연이란 단어가 만들어졌을 터이기도 하고. 연기설緣起說에 의하면 사람의 탄생도 인연으로 시작하고 살아가는 일도 인연 따라 흐르고, 심지어 죽는 것마저 인연이 다 되었다고 하지 않던가? 사람 사이에 서로 인연이 있으면 아무리 헤어지고 싶어 몸부림을 쳐도 헤어질 수 없으며, 인연이 없으면 곁에 두고도 만나지 못하는 처지로 바뀌어져 버린다. 그러므로 이승에 살면서 한번 맺었던 인연의 끈을 제가 한눈파는 사이에 놓아버리는 일이 없도록 정성을 다하는 마음으로 살아가야 하지 싶다. 비록 그 인연이 자기에게 이익을 주었던 손해를 입혔던 말이다.

이제 나도 게으름이 슬슬 사지를 타고 오를 나이가 되었다. 하지만 나이를 핑계대지 말고 더욱 열심히 살아야겠다는 각오를 다진다. 아무리 육신이 쉬고 싶다고 나를 붙들어 앉히더라도 내 정신만은 깨어 있어야겠다는 결심도 한다. 장차 내가 살아가면서 만나게 될 귀중한 것들이, 시간적으로 보아 그렇게 많지는 않을 듯하지만, 다시는 나도 모르는 사이에 빠져나가는 일이 없었으면 하는 바람 때문이다. 또 할 수만 있다면 지난날 여러 인연에서 받았던 고마움까지도 다음 생에서 빚이 되지 않도록 오늘에 살려놓아야겠다는 생각에 석양에 길어지는 산 그림자처럼 내 마음이 무척 바쁘다.

끝에 찾아올 기억들

'죽음에 이르러 가장 생각나는 게 무엇일 것 같으냐?'고 묻는다면 아마 그 대답은 여러 가지로 나뉠 수 있을 것이다. 평소에 제가 이룩하지 못해 안달을 내던 일이거나, 가졌으면 하고 간절히 바라던 것에 대한 생각이 제일 먼저 날 것이라고 대답하는 사람도 있을 터이고, 남는 가족에 대한 걱정과 죽음을 향한 막연한 공포, 사후 세계에 대한 의문이 우선적으로 떠오를 것이라고 말하는 이도 적지 않을 것이다.

미국의 어떤 교수가 죽음을 앞둔 2만여 명이나 되는 많은 사람들을 상대로 조사한 결과를 발표했는데, 놀랍게도 그것은 우리가 상식적으로 그러리라 했던 것과는 큰 차이가 있었다.

실제로 죽음에 임박한 사람들이 생각해 내었던 것들은 그가 평생을 투자하여 이룩했던 뛰어난 업적이나 연구결과도, 그처럼 쟁취하려 애썼던 권력이나 명예도 애써 성공한 사업이나 엄청난 재산에 관한 것이 아니었다고 한다. 오히려 그가 사랑했던 절실한 순간이나 가슴 아렸던 이별, 여행길에서 조우한 자연과의 감동적인 만남이 주종을 이루었단다. 또 어려웠던 시절 다정한 친구와 눈물로 한 잔의 술을 나누며 위로했던 일이나 가까운 사람에게서 받았던 마음의 상처들, 말하자면 까맣게 잊혀진 것으로 알고 있었지만 제 마음 깊숙한 곳에 더욱 단단히 뭉쳐져 있었던 이런저런 순간들이 주마등처럼 지나간다는 것이다.

만약, 지금 내가 생의 마지막에 서 있다면 과연 어떤 생각과 마주하고 있을까. 행복했던 기억일까, 불행했던 추억일까, 아름다운 일일까, 추한 사건일까? 아마도 나에게는 살아오는 동안 온갖 핑계를 내세우며 찬바람이 일도록 돌아섰던 적지 않은 사람들과의 후회 막급한 이별 얘기가 제일 먼저 찾아오지 싶다. 아니면, 사업을 한답시고 쉬지 않고 굴려댄 계산 머리 때문에 상대적으로 잃어버렸던 아름다운 것들에 대한 기억이거나.

삶의 전 과정을 놓고 보면 죽음도 반드시 거쳐야 할 하나의 절차이니 탄생 못지않게 중요할 것이다. 그런데도 사람들은 삶은 게걸스럽게 껴안으면서도 죽음은 두려워하여 한사코 피하려 든다. 평소 실용주의에 가까운 내 삶을 뒤돌아보면, 나도 행복한 죽음과는 상당히 먼 거리에서 서성여야 되겠구나 하는 생각이 들어 은근히 긱정이 된다. 하루하루를 자기만을 위해 지낸 흔적이 끝에 가서 어떤 결과로 찾아올 것인가에 대해 평소에 더 많은 관심을 가졌어야 마땅했었는데.

사람이란 참으로 묘하다. 한 번 권력을 맛 본 사람은 그 권력의 언저리에서 평생을 보내기가 쉽다. 설령 그가 누린 권력으로 인하여 스스로가 파멸을 맞게 되는 경우가 찾아올지라도 그 속에서 쉽게 헤어나지 못하는 경우를 자주 보게 된다. 또 돈 버는 일도 마찬가지다. 사업을 하다가 부도를 낸 사람들 중에는 재기할 가망이 전혀 없는데도, 다른 일을 할 생각은 아예 제쳐두고 제가 벌릴 사업계획서를 옆구리에 끼고 충혈된 눈으로 새로운 자금줄만 찾아다닌다. 그가 앉아 있어야 할 자리는 항상 사장자리여야 하는 것처럼, 스스로 행동하니 참으로 답답한 일이다.

어떤 사람이 특정한 기간 동안에 잡았던 권력이, 또 운 좋았던 시절의 성공이 그 사람의 일생을 대표할 수는 없는데도 사람들은 지나치게 그것에 집착하고 있는 것도 숨길 수 없는 현실이다. 하여 제가 차지하고 있었던 높은 자리를 오래 전에 그만두게 되었어도 주위에서는 의원님, 회장님 해가며 계속 과거의 직함을 불러주고 또 본인도 잘 나가던 시절에 연연해한다. 그러나 애써 이룩한 지위며 명성이며 재산 같은 것들이 제 인생에서 매우 중요한 의미를 가질 것이라고 예상한 만큼의 가치를 실제로는 발휘하지 못했고, 오히려 평소 가볍게 여겼던 일들이 노후의 제 삶을 행복하게 꾸며준다는 사실을 너무 늦게 알게 되니 탈이다.

나 또한 젊었을 때 세워놓은 목표 때문에 그것과 직접 관련이 없는 일들을 소홀히 대하거나 무시해버린 경향이 있었고, 이미 이룩한 조그마한 성취나 성공에 대해서도 만족하지 못하고 불만을 쉽게 토로해 왔다. 그 결과 늘 마음은 쫓기고 일은 더 늦어졌다. 얽히고설킨 일거리 때문에 잠이 멀리 달아나 버린 밤, 아무리 행복했던 기억을 떠올리려 해도 토막토막 끊어진 불안한 장면만 어지럽게 휘돌아간다. 작은 것에 만족하지 못하고 지낸 세월이, 이루지 못한 꿈에 대한 지나친 집착이 나도 모르는 사이에 무거운 족쇄로 채워져 힘겨운 발걸음으로 예까지 오게 된 까닭이리라.

과연 그대에게는 마지막에 무엇이 찾아올까? 원래 끝에 오는 놈이야말로 막 보는 처지가 아닌가. 제가 아무리 잘 예비해 두었다 할지라도 재수 없게 고약한 놈들이 막판에 걸려들 수도 있을 터이다. 그러니 마음먹은 대로 일이 잘 풀려가고, 제가 제법 잘 나가고 있다고 판단될 때에 더러는 주위를 돌아보기도 하고 어려운 처지의 사람들을 힘껏 도와줄 필요가 있을 것이다. 그렇게라도 선업善業을 쌓아 두어야만 비로소 행복한 노후를 보장받을 가능성이 높아질 것이니 하는 말이다.

삶이 전적으로 당신의 것이듯, 죽음 또한 온전히 당신 것일 수밖에 없지 않은가? 만일 그대가 평온하게 임종을 맞게 되면 가장 우선적으로 당신에게 다행한 일이 될 것이요, 그대가 마음속에서 불만을 느끼고 계속 고통스러워한다면 결국 당신 스스로가 가장 괴로울 게 분명하리라. 아무리 가까운 혈육이라도 그런 아픔 그런 외로움을 대신할 수는 없는 법이다. 비록 죽음 뒤에 남겨진 슬픔이 주체할 수 없게 크다 할지라도 언제나 산 자의 몫이 되고 마는 까닭은, 대신할 수 없었던 고통에 대한 카타르시스가 살아갈 사람에게 필요하기 때문이지 죽은 자에 대한 추모의 정이 아주 특별해서 그런 것이 아닐 것이다. 그러니 훗날 좋은 모습의 부모로 자식들의 머릿속에 남기를 바란다면, 적어도 끝에 가서 행복한 기억들이 그대를 찾아오게 할 수 있도록 평소 사는 일에 정성을 다해야 하리라.

인정

며칠 전 시집간 딸이 집에 들르며 군밤 한 봉지를 사왔다. 받아드니 뜨끈뜨끈한 게 금세 군침이 돌았다. 몇 개를 까서 입에 넣고 있는데 '아버지 쪽밤이에요' 하면서 반으로 갈라진 밤을 나에게 내민다. 나 역시 쪽밤이 나와서 아이에게 주었다. 이런 우리 집의 내력은 오래 전에 타계하신 어머니 때문이다. 아마 당시의 여느 어머니들도 마찬가지였을 것으로 짐작하지만, 당신께서는 내가 아주 어렸을 때부터 '쪽밤을 혼자 먹으면 언청이가 된다'고 하시면서 반드시 나누어 먹도록 하셨다.

모두가 어려웠던 시절, 밤은 얼마나 귀한 먹거리였던가? 제 몫으로 배당된 몇 개의 밤을 아껴 먹으면서 그나마 쪽밤이 나오면 억울한 생각이 들었다. 그러던 내가 자라서 아버지가 되고 더 나아가 할아버지도 되었건만 그것을 나누는 일을 여전히 계속하고 있다. 물론 쪽밤을 혼자 먹어 언청이가 된 사람이 있다는 소문도 못 들었고 믿지도 않았지만, 어머니 세대들이 무엇을 자식에게 전하려 했는지를 차차 깨달았기 때문이다. 아마 내 어머니께서는 쪽밤을 자식 가르치는 산 교재로 삼으셨던 것 같다. 실로 긴 시간이 지나갔건만 지금도 군밤을 먹을 때면 새삼 어머니의 삶이 진하게 느껴지니 하는 말이다.

당시의 어머니들은 가난을 이겨내는 최상의 방법이 '인정으로 사는 길' 이라는 것을 익히 알고 계셨던 것 같다. 주위가 어려울수록 사랑도 나누고, 노동력도 나누고, 슬픔도 함께 나누어야 한다고 믿었던 것이리라. 간혹 집에서 제사를 지내거나 고사가 있는 날은 말할 것도 없고 정월 대보름의 오곡밥도, 동짓날 팥죽도 서로 돌려가며 먹었다. 심지어는 호박부침개를 만들거나 고구마를 삶고 새 김치를 담글 때도 반드시 이웃끼리 주고받았다. 아무리 먹거리가 부족했던 시절이라지만 그런 음식들을 얻어먹지 않으면 굶을 처지가 되어서 나누었을까? 아니었을 것이다. 그 혹독하게 추운 겨울날, 빨갛게 얼어버린 손을 연신 입김으로 불어가며 밤이 이슥하도록 음식을 나르시던 어머니의 모습이 오래도록 지워지지 않는 영상으로 내 가슴에 남아 있다.

지금의 삶이야 옛날에 비하면 얼마나 풍성한가. 그러나 그 풍성함 때문에 잃은 것이 너무 많다. 요즈음에는 건강에 이롭지 않다느니 위생적인지 믿을 수가 없다느니 해가며, 노골적으로 남의 집 음식을 기피하는 바람에 인정 묻은 음식을 나눌 여지는 아예 없어져 버렸다. 몇 년 전에 우리 아파트에 이사 온 어떤 사람이 떡을 해서 집집마다 돌렸는데, 며칠 후 쓰레기통에서 그 떡이 고스란히 나왔다 하여 말썽이 생긴 적이 있다. 그 후로는 집을 옮겨와도 아무도 음식을 돌리지 않는 것 같았다. 그러다 보니 누가 이사를 가고 누가 새로 들어왔는지 알

길이 없다. 아침 일찍 집을 나섰다가 저녁에 돌아오는 나는 승강기 안에서 어쩔 수 없는 이방인이다. 나눔이란 매개체가 없어진 아파트단지는 회색의 기운만 무겁게 자리잡고 있는 수많은 독립된 공간의 집합체일 뿐이다.

회상하면 내 어머니는 늘 정다운 이웃과 함께 사신 행복한 분이셨다. 내가 그렇게 생각하는 이유는 당신께서는 그다지 넉넉한 형편은 아니었어도 철저하게 나누는 삶을 실천하신 분이었기 때문이다. 그렇다고 그럴듯하게 포장하여 남에게 알려진 나눔을 하신 것이 결코 아니었다. 매일같이 일어나는 일상 속에서 만나는 모든 사람들과 진정 함께 살았을 뿐이다. 탁발승에서 집을 찾은 거지에 이르기까지 그 누구에게나 배가 고프다면 소찬이나마 밥상을 손수 차려주셨고, 옷가지가 필요하면 낡은 옷이라도 깁고 깨끗이 빨아 두었다가 꺼내주셨다. 아무 기댈 곳 없는 아이도 셋이나 길렀고, 그 가운데 여자아이 하나는 호적에 올라 법적으로도 내 동생으로 되어 있다.

지금 나에게도 여러 단체들에서 공문이 온다. 아프리카의 굶주린 아이들을 도와야 한다느니 이북 아이들의 사정이 어떻고, 또 돈이 없어 치료를 받지 못하는 사람들을 병원에 가도록 힘을 보태야 한다고 써 있기도 하다. 그런데 얼마 전 신문을 보니, 자선단체들이 모금한 돈의 상당 부분이 해당 단체의 유지비나 관리비로 나가고 막상 도움에 쓰이는 돈은 그렇게 많지 않다고 했다. 그래서 '세상일이란 게 겉과 속이 많이 다르구나' 하고 생각한 적이 있다.

바로 이웃하고 있는 사람이 소외되고 굶주린 까닭으로 삶의 의욕을 잃고 당장 죽음을 결행하려는 살벌한 현실을 앞에 두고 우리가 너무 먼 곳을 바라보고 있지나 않는지 모르겠다. 지나친 체면이나 명분 때문에 바로 옆에 있는 숨은 이웃에게는 무관심하고, 소문이라도 날 일에는 앞 다투어 나서는 사회로 되어 간다는 지적을 아프게 받아 들여야 할 것이다. 제 잘못은 꽁꽁 싸두고 남의 과오는 파고 또 파내는 사회가 제대로 발전했다는 얘기를 들어본 적이 없다.

이런 분위기의 세상을 살며, 비록 가난했지만 따뜻한 인정의 물결이 곳곳에서 큰 힘을 행사하던 당시의 사회가 훨씬 더 행복했었다는 생각을 자주 하게 되니 착잡하다. 지금의 나보다는 배울 기회도 적었고 풍족하지도 않으셨지만, 훨씬 따뜻한 마음을 가지셨던 내 어머니가 오늘따라 눈물나도록 그립다.

유성우를 기다리며

새벽 3시 30분, 사자자리 유성우流星雨로 이름지어진 별똥별의 낙하쇼가 시작된다는 시간이다. 나는 지금 고층 아파트 옥상에서 열심히 밤하늘을 올려다보고 있는 중이다. 찬란하게 내릴 것이라던 별똥별은 보이지 않고 작은 별들만 무심히 깜박인다. 쉬지 않고 불어오는 칼끝 같은 겨울바람이 두꺼운 옷 사이로 파고들어 살갗을 벗겨내는 것 같았지만 행여 기회를 놓칠 새라 꾹 참고 있었다. 얼마나 시간이 흘렀을까? 어느새 내 생각은 한 마리 새가 되어 별이 총총한 밤하늘을 정처 없이 날고 있었다.

내가 어렸을 때는 밤이 오면 언제나 별과 함께 할 수밖에 없는 그런 환경에서 자랐다. 전력이 부족했던 시절이라 일찍 전등불이 꺼지고 나면, 별들은 제 세상을 만난 듯 거침없이 우리에게로 다가왔으니 별은 우리의 친구였고 얘기 거리였다. 별에 대한 상식이라고는 형이나 누나로부터 얻어들은 은하수와 샛별, 북두칠성이나 견우직녀가 고작이었으니 별 얘기로는 우리들의 놀이가 오랫동안 이어질 수 없었다. 그러나 하얗게 빛나는 꼬리를 늘어뜨리며 쏜살같이 내리꽂히는 별똥별은 우리에게 꿈을 주기에 충분했고, 어쩌다 하나씩 떨어지는 그것을 남보다 먼저 발견하기 위해 목이 아프도록 몰래몰래 하늘을 쳐다보는 짓을 계속하는 것도 숨겨진 재미였다.

별똥별은 숲 속에도, 들에도, 바다 가운데도 떨어졌다. 땅에 떨어지는 것은 별나라의 아기가 지구에 살고 싶어 내려온다고 믿었고, 바다에 내리는 것은 그 꼬리가 유달리 길어서 큰 물고기가 될 것이라 우겨댔다. 운 좋게 주변 야산에 별이 떨어진 날은 모두가 들판을 휘저으며 밤이 이슥하도록 아기별을 찾아 헤매었다. 더러는 손에 잡히는 반딧불을 눈썹 위에 붙이고 귀신 흉내를 내기도 하다가 끝내는 지친 몸을 바다에 던지는 것으로 하루를 마감하였으니. 밤늦은 귀가가 어머니의 걱정을 부풀려 호된 꾸중이 목을 빼고 기다리고 있었지만, 누구 하나 '집에 가자'는 말을 먼저 꺼내지는 않았다. 그렇게 별 밤은 우리에게 희망의 나라요 분방한 자유의 극치였었다.

어느 날인가, 또래 하나가 으스대며 말했다. '옛날부터 큰 인물이 죽을 때는 별도 따라서 죽었단다. 제갈량과 이순신 장군이 숨을 거둘 때도 큰 별이 땅에 떨어졌다고 하지 않더냐, 아마 유명한 장군들은 각자의 별을 따로 가지고 있었던 모양이제' 라고 말하자, 옆에 있던 다른 아이가 '장군별이 있었으면 우리별도 있을 거다 그지?' 하고 큰 소리로 동의를 구했다. '우와' 하는 환성으로 답한 또래들은 열심히 밤하늘을 뒤져 결코 땅에 떨어지지 않을 것 같은 크고 빛나는 별을 골라 제 것으로 정했다. 하지만 '내 별이 네 것보다 더 크다' '아니다, 내 별이 힘은 더 세다'며 우기느라 짧은 밤을 더욱 짧게 만들고 말았다.

별놀이는 거기서 끝난 게 아니었다. 우리와 밤을 함께 한 별들을 심심하면 대낮까지 끌어들이곤 했었다. 낮달이 보이는 날, 풀씨가 잔뜩 붙은 대궁을 거꾸로 하여 이빨로 문 채 눈을 감고 있으면 별들이 또렷하게 보인다고 서로를 속였다. 뻔히 알면서도 오늘은 행여 별이 보일까 한참을 그러고 있으면 갑자기 옆 아이가 물고 있는 대궁을 쑥 뽑아버리고, 고스란히 입 속에 남은 풀씨를 뱉어내느라 한동안 야단법석을 떨었다. 어쩌다 보리깜부기를 물었던 아이는 새까맣게 변한 입을 크게 벌리고 손가락을 갈퀴처럼 만들고는 '여기 도깨비 나가신다'고 고함을 내지르며 발을 동동 굴려대기도 했었다.

이렇게 철없던 내 어린 시절에는 영롱한 별빛 아래서 풀이 자라는 소리를 들으며 전설을 얘기했고, 세찬 바닷바람 속에서도 별을 노래하며 내일을 꿈꾸었다.

사방이 막히면 하늘을 보라는 했지만 참 오랫동안 하늘 한번 제대로 쳐다보지 못하고 살아온 세월이다. 하늘을 봐야 별도 눈에 뜨일 터인데, 하늘을 향해 눈을 돌리는 날이 드물었으니 어찌 별을 가까이 할 수 있었을까? 하기야 자주 하늘을 올려다보았다고 해도 별 수는 없었을 것이다. 왜냐하면 어릴 때는 내게 그렇게 동무 같았던 별이었건만 자라면서 그 다정함이 조금씩 사라졌고, 도시생활이 시작된 뒤로는 별이 더욱 멀어지고 말았기 때문이다. 사람은 노인이 되어 갈수록 별이 더 아름답게 보이는 삶을 살아야 당연한데도 지금의 나는 어떤가? 나에게서 별이 자꾸 멀어진다는 것은 내가 자연과 점점 거리를 둔다는 뜻이요, 결국 자연과 동떨어지면 근본을 잃는다는 얘기가 아니겠는가.

"서울에 사는 아이들에게 물었더니 '하늘에는 별이 30개 있다' 하기도 하고 '40개 정도는 보인다'고 대답하더라."고 쓰여 있는 글을 읽고는 한동안 멍하니 앉아 있었다. 하기야 그럴 터이지. 너도나도 뿜어댄 지독한 매연 때문에 이미 투명한 하늘 보기가 어려워진 현실이다. 어쩌면 서로 경쟁이나 하듯이 높이 올라간 아파트 사이로 언뜻언뜻 보인 하늘이 아이의 눈에는 제가 공부하는 책상크기 만하게 비쳤을 수도 있었겠다. 그렇다면 고작 책상 넓이의 밤하늘에 별이 몇 개나 떠 있었겠는가?

조금 더 세월이 가고 나면 대구에 사는 나 역시도 별을 똑똑히 볼 수 없는 처지에 서 있게 될지도 모른다고 생각하니 서글퍼진다. 그러나 아직 나에게는 별에 얽힌 아름답고 행복한 추억이 또렷하게 살아 있어서 오늘처럼 가슴 훈훈한 기억의 바람을 타고 하늘 높이 날 수도 있으니 참으로 다행한 일이라고 말해야 하리. 그러나 지금의 아이들이 자라서 내 나이쯤 되면, 별에 관한 재미있는 얘깃거리나 마음속에 꽁꽁 숨겨둔 애틋한 추억을 떠올리기란 결코 쉽지 않을 것이다. 과연 그때 가면 그들의 마음을 무엇으로 채워 넣어 인생을 가슴 뛰게 할 수 있을 것인가?

가능하다면, 먼 훗날 한 번쯤 다시 돌아오고 싶은 아름답고 신비한 행성으로, 이 지구가 오래오래 남아 주었으면 좋겠다는 평소의 나의 기도가 너무 허망해질까 두렵다. 사실 오늘 내가 유성우를 핑계로 추운 옥상에 오른 것도 꼭 어린 시절의 별밤과 추억이 그리워서 만은 아니다. 수많은 유성이 꿈결같이 흘러내리는 밤하늘에서 자연을 생각하고 인생을 돌아보면서 삶에 찌든 내 몸 속의 오염을 조금이나마 줄

여볼 수 있지 않을까 하는 바람이 더 크게 나를 충동질했던 까닭이다.

만일 나에게 지금 우리가 해야 할 시급한 일이 무엇이냐고 묻는다면 '하루빨리 투명한 하늘을 만들어 별이 보다 사람 가까이로 다가올 수 있도록 하는 일일 것'이라고 대답하련다. 그리고 '깨끗한 마음으로 별을 자주 올려다보는 사람들이 많아진다면, 지금보다는 훨씬 더 좋은 세상이 될 수 있을 것'이라고 더 크게 말할 것이다.

고개를 들어 다시 사자별 자리를 본다. 그러나 현대과학이 자랑하는 천문예보와는 달리 끝내 유성우는 쏟아지지 않았고, 내 가슴에는 생각의 비만 쉼 없이 내리고 있었다.

기억속의 섬

내 기억속에는 섬 하나가 있다.

오랜 객지 생활에 이리저리 흔들리며 살다 보니 까마득하게 잊혀져 버려 기억의 뿌리조차 없어진 줄 알았더니 요즈음에 와서 불사조처럼 다시 살아난 것이다. 무슨 까닭인가. 인생의 뒤안길을 한 바퀴 돌아온 이 나이에도 여전히 식지 않고 손짓해대는 바다를 향한 향수 때문일까, 아니면 고향에 대한 아슴푸레한 기억들이 아주 지워지기 전에 한 번씩 얼굴을 내밀기로 작정이라도 했단 말인가.

섬은 항구로부터 외지로 나가는 좁은 바닷길 가운데에 장식품처럼 떠 있다. 섬이라고 부르기에는 너무 작았던 그것은 언뜻 보면 밥공기를 거꾸로 엎어놓은 것 같은 그런 모양이었으나, 가까이 다가가면 섬 아래 부분은 단단한 바위벽으로 빙 둘러져 있었으며, 그 위로는 일부러 정원을 꾸며 놓은 듯 잔디와 돌과 낮은 잡목들이 절묘한 조화를 이루었다. 더욱이 하늘로 뻗어나간 꼭대기의 키 큰 나무들까지 가세하여 미적 구도를 완성시켰으니 마치 바다 위에 놓인 하나의 뛰어난 조각품을 보는 것 같았다.

언제부터인지 알 수는 없었지만, 사람들은 그 섬을 공주섬이라 불렀다. 멀고 먼 옛날 '어떤 나라의 예쁜 공주가 부왕의 노여움을 사서 유배를 당해 흘러오다가 지금의 자리에 멈춰 서서 섬으로 변해버렸다'는 슬픈 전설이 전해와 붙여진 이름이라 했다. 그러나 내 주변 아이들 사이에서는 누가 먼저라 할 것도 없이 이상한 말이 돌아 그곳에 가는 것은 무서운 일로 되고 말았다. 섬에는 바다 밑으로 통하는 깊은 동굴이 있고, 머리 둘 달린 집채만한 뱀이 새빨간 혀를 날름거리며 보물이 있는 동굴 입구를 지키고 있다고.

하지만 어린 내 눈에 비친 섬은 환상 같은 곳이었다. 그곳은 내 생각의 피난처요 천국이었다. 모든 것이 부족하고 답답했던 시절, 우울하고 허전한 마음을 달랠 길 없어 무작정 집을 나섰어도 그 앞에만 서면 언제나 기분이 좋아졌다. 그것을 보고 있는 동안은 누구의 간섭도 잔소리도 없는 상상의 세계에 빠져들 수가 있었으니, 공부에 대한 채근이나 잔심부름 따위가 나를 옭아맬 수는 없었다. 시간을 잊고 마냥 머물러 있노라면 마치 섬이 살아 있는 듯 착각에 빠져들기도 했다. 때로는 내가 만화 속의 주인공이 되어 섬과 다정한 얘기를 나누거나, 주술에서 풀려난 공주를 데리고 유리성으로 들어가는 몽상까지 하였으니. 아, 얼마나 많은 날들을 그 섬을 바라보며 지내었던가.

섬은 당당하게 버티고 선 사열대 위의 장군처럼 그 조그마한 체구에도 당차고 의연하게 오고 가는 배들을 점검하기에 여념이 없었지만, 뱃고동소리가 길게 꼬리를 끌 때면 더러는 붕-하고 따라 울기도 했고, 물새들의 조잘거리는 소리에 가만히 귀 기울이는 낭만도 보여 주었다. 바다가 아침 햇살에 은빛으로 빛나면 싱싱한 생선비늘처럼 눈부시게 제 몸을 떨었고, 태양이 바다 위에서 불꽃 잔치로 하루를 마감할 때는 캠프파이어를 둘러싸고 앉은 소녀의 얼굴보다 더 예쁜 홍조를 띠기도 했다. 간혹 바다가 거세져서 미친 듯이 파도를 밀어 올리면 섬은 온 가슴으로 그것을 안아 들였고, 물결 잔잔한 날은 무릎까지 치마를 걷어올리고는 하얀 거품을 발끝으로 건드리며 깔깔대기도 했었다.

언제나 섬은 파도와 함께 있었다. 그곳은 파도가 휴식하며 새로운 힘을 충전하는 간이역 같은 곳. 먼 길에 지친 파도는 섬에 가서야 비로소 흙 냄새를 맡을 수 있었으리라. 나 또한 파도처럼 쉬고 싶었다. 그래서 나도 그것을 통해 힘을 얻고 멋진 미래를 키워가려 했었다. 그런 이유로 내게 있어서 섬은 음악이자 그림이었고, 꿈과 의지의 상징물로 되어 버렸다. 하지만 이러한 나의 집착도 중학교 3학년에 올라가면서부터 공부에 쫓겨 그만 느슨해지고 말았다. 이후 살면서 쌓여진 세월의 무게가 섬을 나에게서 사정없이 앗아가 버렸던 것이다.

'꼭 한번 보아야지. 그 사이 어떻게 변했을까?' 하는 생각에 너는 참지 못하고 길을 나섰다. 기억속의 섬은 그 자리에 있었다. 하지만 그것은 거대한 조선소의 작업장 끝에서 손을 뻗으면 닿을 만한 거리에 놓여 있었다. 그동안 사람의 손길이 섬을 육지 가까이로 바짝 당겨놓은 까닭이다. 아름답고 신비하기는커녕 작고 초라한 바위 하나가 해일에 표류하다 겨우 널판자를 붙들고 숨을 헐떡이며 떠 있는 것 같아서 가슴이 아팠다. 내 어린 날 그곳을 바라보며 한없이 상상의 날개를 폈던 흔적은 그 어디에서도 찾아볼 수가 없었으니.

자연, 그것은 있는 그대로 둘 때 좋은 것이지 사람의 욕심이 가서 붙는 순간 불행은 시작된다 했던가? 섬 정수리 부분의 무성하던 나무들도 탈모증 환자처럼 성글게 되어 버렸고, 바위 색깔도 어느새 바래져서 계절이 바뀔 때마다 비늘이 힘없이 떨어져 내리는 노인의 피부를 연상케 했다. 처녀의 맨발보다도 더 뽀얗던 바위 끝마저도 때가 덕지덕지 앉은 채 검은 바다를 더 검게 만들고 있었다. 한때 나에게는 꿈과 위안으로 가득했던 전설의 장소가 이처럼 허무하게 시들어 가고 있었던 것이다.

아마도 세월이 아득하게 흘러가 버린 먼 훗날, 그 누가 찾아오더라도 '내 기억속에 있는 섬의 아름다운 옛모습'을 다시는 볼 수 없을 것이다. 하기야 어찌 그런 일이 섬을 두고서만 일어났다 하랴. 온갖 욕망이 타고 앉은 긴 세월 앞에 사람인들 뾰족한 수가 있었을까? 점점 열악해져 가는 생활환경 속에서 이웃은 고사하고 제 몸뚱이 하나도 제대로 건사하지 못해 허우적거리는 게 요즈음 사람들의 실상이다. 솔직히 고백하자면, 나 또한 어려운 세상을 살아가야 한다는 온갖 핑계를 앞장세워 섬이 변한 것보다 더 많이 영악해지고 뻔뻔스러워졌다. 나 자신조차도 세월 따라 엄청나게 변해버린 오늘의 내 모습에 더러는 낯설어하고 더러는 부끄러워하고 있는데, 항차 어린 시절의 나를 아는 사람들은 오죽하리요.

그러나 이런 변화를 당연시하여 체념해 버리기에는 주어진 삶이 너무 아깝다는 생각에 안간힘을 써 보자는 것이다. '세상에 존재하는 모든 것이 다 변한다 해도 변치 말아야 하는 것 하나, 그것은 바로 인간이 인간답게 살아야 하는 것'이라고 아직도 믿고 있기 때문에 주어진 본래의 심성을 지켜가려는 나의 몸짓을 쉽게 포기하고 싶지 않은 것이다. 또 영영 잊어버린 줄 알았던 그 섬이 늦게라도 이렇게 내 기억속에서 뚜렷하게 살아 나온 것을 보면 결코 우연이 아닌 것 같다. 아무리 선하고 아름다운 것일지라도 '그것을 잘 가꾸고 보호하려는 지극한 정성이 없다면 속절없이 황폐해질 수밖에 없다'는 사실을 나에게 똑똑히 보여주려 했을 것이라는 생각이 들기 때문이다. 어쩌면 절망하지 않는 따뜻한 사람들의 손길을 통해 새 생명을 얻고 싶어, 섬은 저리도 슬픈 모습을 오늘 내게 보여주고 있는지도 모르겠다.

못다 그린 그림
김상립 수필집

인쇄|2006년 9월 30일
발행|2006년 10월 3일

글쓴이|김상립
펴낸이|장호병
펴낸곳|북랜드
110-999 서울 종로구 신문로1가 오피시아 1406호
대표전화 (02) 732-4574 | (053) 252-9114
팩시밀리 (02) 734-4574 | (053) 252-9334

등록일|1999년 11월 11일
등록번호|제13-615호
홈페이지|http : //www.bookland.co.kr
이-메일|bookland@hanmail.net

교 열|배부성
편집 및 표지장정|김인옥
영 업|최성진

ISBN 89-7787-412 03810

값 10,000 원